echt EMF

ÜBER DEN AUTOR

Lucas Fassnacht studierte in Erlangen Altgriechisch und Linguistik. Mehrere Jahre lang war er als Teilnehmer, Veranstalter und Workshopleiter in der Poetry-Slam-Szene aktiv. Heute wohnt er in Nürnberg und arbeitet als Romanautor. Außerdem unterrichtet er Kreatives Schreiben an der Universität Erlangen-Nürnberg. 2022 wurde er mit dem Nürnberger Kulturpreis ausgezeichnet. „Die träumende KI" ist sein erstes Sachbuch.

LUCAS FASSNACHT

Die träumende KI

KREATIVER SCHREIBEN MIT CHATGPT

echt EMF

IMPRESSUM

MIX
Papier | Fördert gute Waldnutzung
FSC® C145070

echtEMF ist eine Marke der Edition Michael Fischer

1. Auflage

Originalausgabe

Covergestaltung: Zoe Mitterhuber, unter Verwendung von Motiven von © Roman Samborskyi, © Nikiparonak und © Chinnapong

Dieses Werk wurde vermittelt durch Literarische Agentur Petra Hermanns.

Redaktion: Sylvia Gredig, Köln

Layout und Satz: Zoe Mitterhuber

Gedruckt bei GGP Media GmbH, Karl-Marx-Str. 24, 07381 Pößneck

Printed in Germany

ISBN 978-3-7459-2416-9

www.emf-verlag.de

INHALT

PROLOG

Leandra kommt Jaro kaum hinterher. Ihr Herz pocht schmerzhaft, die Beine brennen. Die Füße in den viel zu großen Stiefeln sind wundgerieben, geben Leandra das Gefühl, über ein gigantisches Nadelkissen zu rennen.

Verdammt, ist Jaro schnell. Du nennst diese Welt von allen Göttern verlassen, *hat er ihr gestern noch zugeflüstert,* aber ich bin hier zu Hause.

Zu Hause. Leandra ist weiter entfernt davon als je zuvor. Vor einem Haufen mordlüsterner Banditen fliehen zu müssen, hätte sie noch vor ein paar Wochen nicht für möglich gehalten. Nun, bis vor ein paar Wochen hätte sie es auch nicht für möglich gehalten, dass ihr Vater sie für vogelfrei erklären würde.

»Da vorne!«, ruft Jaro, ohne langsamer zu werden.

Leandra wischt sich den Schweiß aus den Augen, sieht auf. Dunkel glänzend schraubt sich die letzte Hoffnung, die sie noch haben, aus der aschgrauen Wüste in den pechschwarzen Himmel: der Portalturm.

»Jaro«, fleht Leandra, »nur kurz ausruhen. Bitte.«

Er deutet auf die Aschewolke hinter ihnen. »Wir müssen weiter.« Doch er nimmt den Wasserbeutel vom Gürtel, reicht ihn ihr.

Aber Leandra trinkt nicht. Sie kann die Entscheidung, die sie fürchtet wie keine andere, nicht länger aufschieben. »Ich muss alleine weiter. Sonst töten sie uns beide.«

Jaro lacht auf. »Vergiss es. Trink.« Seine Augen sind ein kaltes, finsteres Meer. So böse und abweisend wie an dem Tag, an dem Leandra ihm zum ersten Mal begegnet ist. Aber es gibt noch einen zweiten Jaro, seit gestern weiß sie das.

»Ich will dich nicht verlieren«, flüstert sie.

»Und deswegen«, sagt Jaro, »begleite ich dich.«

Kann eine KI so schreiben?

Bisher nicht.

Aber du, mit ihrer Hilfe.

0 KREATIVES SCHREIBEN, KÜNSTLICHE INTELLIGENZ UND WILDER BÄRLAUCH

Bevor die Reise losgeht, willst du vielleicht wissen, was dich erwartet.

Dies ist kein Ratgeber für das Schreiben sachlicher Texte. Wenn du also eine Bachelorarbeit verfassen willst oder einen Blogbeitrag oder einen Brief ans Finanzamt, dann ist dir mit anderen Büchern besser geholfen.

Hier soll es einzig um das Schreiben von Geschichten gehen. Und obwohl viele Hinweise auch für andere Gattungen hilfreich sein mögen (Gedichte, Theaterstücke, Hörbücher etc.), liegt der Fokus auf der literarischen Erzählung.

Wie schreibst du deine Story? Und noch wichtiger: Wie gelingt es dir, dass es eine gute Story wird?

Was macht eine erfolgreiche Recherche aus?

Dieser Ratgeber enthält in chronologischer Reihenfolge alle wichtigen Schritte, die du brauchst. Egal, ob du ins Straucheln kommst oder das Ziel aus den Augen verlierst, in diesem Buch findest du einen Begleiter, der dir von der ersten Idee bis zum letzten Feinschliff bei jeder Herausforderung treu zur Seite steht.

Ob du die Kapitel von vorne nach hinten durchgehst und dir erst einmal einen Überblick verschaffst oder dir jeweils dasjenige herauspickst, von dem du dir für dein aktuelles Problem die größte Hilfe erwartest, alles ist möglich. Jedes Kapitel kann für sich gelesen werden.

Nicht wundern, wenn manche Passagen wenig Bezug auf ChatGPT nehmen und eher wie ein klassisches Schreibtutorial wirken. ChatGPT soll zwar als zentrales Werkzeug für deine Story erläutert werden, trotzdem können wir auf einige Basisregeln des literarischen Schreibens nicht verzichten. **Du bist die Autorin – es ist deine Story, du entscheidest, wie du dein Werkzeug nutzt.** Sei also darauf gefasst, dass du nicht jedes Problem einfach in die Tasten hacken können wirst, um umgehend eine Lösung serviert zu bekommen.

GRENZEN DER TECHNIK: STATISTIK GEWINNT KEINE HERZEN

Eine Sorge geht um die Welt.

Die Sorge, dass der Mensch die Maschine braucht.

Aber die Maschine nicht den Menschen.

Als Deep Blue im Jahr 1996 Garri Kasparow im Schach schlug, erklärte die Menschheit trotzig, dass Computer vielleicht schneller rechnen konnten – aber nur, solange der

Rechenweg keine Überraschungen bereithielt. Als AlphaGo im Jahr 2016 Lee Sedol im Go besiegte, behauptete die Menschheit nervös, dass der Erfolg der Computer auf eng umgrenzte Aufgabenstellungen beschränkt blieb. Als ChatGPT im Jahr 2022 der breiteren Öffentlichkeit vorgestellt wurde, trat der Menschheit der Schweiß auf die Stirn.

Was macht den Menschen aus, wenn selbst kreative Leistungen von Maschinen überzeugender erbracht werden? Gefühle? Wenn wir zugeben, dass der Wunsch nach Nähe auch bei anderen Lebewesen zu finden ist, was bleibt dann noch? Selbstmitleid?

Allerdings spielen die Menschen immer noch Go. Sie spielen immer noch Schach. Manche spielen sogar gegen den Computer – und der Computer scheint keine Einwände zu haben. Kreativität ist keine rechnerische Leistung, Kreativität ist ein menschliches Bedürfnis. Kreative Menschen haben Computer gebaut. Wenn wir uns von der schöpferischen Kraft der Maschinen nicht einschüchtern lassen, sondern diese Kraft als Möglichkeit betrachten, unsere eigene Kreativität zu entfalten, dann müssen wir die Grenzen unseres Menschseins nicht betrauern. Dann finden wir neue Pfade, unser Menschsein zu erfahren, neue Pfade, unserer Umwelt zu begegnen. Bist du bereit für den Schritt ins Ungewisse?

Vermutlich bist du mit der grundsätzlichen Funktionsweise von ChatGPT bereits vertraut; du stellst eine Aufgabe, und basierend auf einer gewaltigen Datenbank spuckt ChatGPT eine Antwort aus.

Programme dieser Art nennt man Large Language Models (oder kurz: LLMs). *Large*, weil die Funktionsweise eine große Menge an Daten benötigt. *Language*, weil das zugrunde liegende Prinzip textbasiert ist. *Model*, weil die Ergebnisse per mathematischer Wahrscheinlichkeit berechnet bzw. modelliert werden.

ChatGPT steht für *Generative Pre-trained Transformer. Generative*, weil das Programm nicht aufgabenspezifisch designt wurde, sondern vielseitig einsetzbar ist. *Pre-trained*, weil es angelernt werden muss, indem es mit im Vorfeld markierten Datensätzen gefüttert wird. *Transformer* schließlich beschreibt die Methode, gemäß der das Programm Anfragen bearbeitet.

ChatGPT ist nicht das einzige erfolgreiche LLM und auch nicht unbedingt das beste – aber da es größere Bekanntheit besitzt als die anderen, soll es in diesem Buch die Hauptrolle spielen. Die gesamte hier beschriebene Vorgehensweise lässt sich problemlos auf andere LLMs übertragen.

In der Praxis ergeben sich zwei übergeordnete Funktionen. Zum einen lassen sich LLMs als verbesserte Suchmaschinen benutzen, die aus der Vielzahl an Antworten, die das Internet zu jeder möglichen Frage bereithält, die Essenz zusammenschütten. (Wie korrekt die Antworten sind, ist von LLM zu LLM unterschiedlich und teilweise bewusst einstellbar – beispielsweise ist der Copilot, die Variante von ChatGPT, die Microsoft für seine Suchmaschine Bing benutzt, der Wahrheit etwas strenger verpflichtet als die Basis-Version; dazu findest du mehr in Kapitel 8.)

Zum anderen sind LLMs in der Lage, Antworten auf derart hohem stilistischen Niveau zu geben, dass die Ergebnisse menschlichen Formulierungen in vielen Fällen überlegen sind – und zugleich benötigen diese Ergebnisse nur einen Bruchteil der Zeit.

Dieser zweite Punkt erklärt die eigentliche Aufregung, die nach der Veröffentlichung von ChatGPT entstanden ist. Manche feiern LLMs als die Möglichkeit, zahllose Bedarfstexte an die Maschine abzugeben und so dem Menschen viel Arbeit abzunehmen. Andere sehen im Ringen um Worte eine Triebfeder der menschlichen Entwicklung und fürchten den Verlust einer zentralen Kulturtechnik. Meine Meinung dazu erfahrt ihr im nächsten Kapitel.

Vorher möchte ich noch einige unangenehme Nebeneffekte der LLMs ansprechen. Sie haben nämlich sowohl eine ökologische als auch soziokulturelle Dimension, die jeder und jede Einzelne im Kopf haben sollte, wenn er oder sie LLMs verwendet. Ökologisch problematisch ist der Energieverbrauch. Im Jahr 2023 benötigt eine Anfrage über ChatGPT 23-mal so viel Strom wie eine Anfrage über Google. Und je besser LLMs werden, desto mehr Energie benötigen sie, es ist also unwahrscheinlich, dass der Stromverbrauch abnimmt.[1]

In der soziokulturellen Dimension finden wir ein Problem, das das kreative Schaffen der Menschheit schon lange begleitet hat, aber im digitalen Zeitalter noch einmal deutlich drängender geworden ist: Kann man eine kreative Leistung »besitzen«? Und wenn ja, wem gehört sie? Die Datensätze, mit denen LLMs trainiert werden, werden gewöhnlich aus dem Internet geschöpft, mehr oder weniger ungefiltert. Eine Kompensation der Urheberinnen ist nicht vorgesehen. Das bedeutet nicht nur, dass die Kreativwirtschaft unverhältnismäßig schwach von ihren Leistungen profitiert, die Tech-Konzerne hingegen unverhältnismäßig stark (das Prinzip kennst du von YouTube und Spotify). Es dürfte außerdem mittelfristig dazu führen, dass immer mehr computergenerierte Texte im Internet erscheinen, bis deren Anzahl überwiegt. Computer-

1 Tatsächlich gibt es Bestrebungen, den Stromverbrauch zu reduzieren. Das größte Problem hierbei ist der *Rebound-Effekt:* Je effizienter ein Produkt hergestellt wird, desto günstiger wird es, was wiederum den Verbrauch erhöht.

generierte Texte tendieren allerdings viel stärker zur Mitte als menschengemachte (warum das so ist, beschreibe ich im nächsten Kapitel) – es droht auf lange Sicht eine Verengung des kreativen Spektrums.

Ein weiteres Problem findet sich im Training des LLMs. Das ist nämlich von Menschen abhängig. Zu entscheiden, ob eine computergenerierte Aussage bestimmten Erwartungen entspricht oder nicht, ist nicht allzu kompliziert. Deswegen tendieren die relevanten Konzerne dazu, auf diejenigen Arbeitskräfte zurückzugreifen, die weltweit am billigsten sind und am wenigsten arbeitsrechtliche Ansprüche stellen. Sprich: LLMs mögen wie die meisten anderen Großprojekte der Menschheit von einigen wenigen visionären Köpfen ersonnen worden sein – umgesetzt werden sie durch die Ausbeutung der namenlosen vielen.

Das Training ist nötig, weil LLMs nicht in der Lage sind, Information zu bewerten – weder auf sachlicher noch auf ethischer Ebene. Letzterer Umstand führt zu einer verselbstständigten Reproduktion von Vorurteilen mit ungewissem Ausgang.

Als letzter Punkt sei der Datenschutz erwähnt: Klar, wir haben uns daran gewöhnt, unseren Smartphones bzw. der Cloud von Blutdruckwerten bis Nacktfotos unsere privatesten

Informationen anzuvertrauen. Aber was würde es bedeuten, wenn wir bald den Großteil der Gedanken, die wir festhalten wollen, von der Maschine verschriftlichen lassen? Können wir komplexere Gedanken fassen als je zuvor, weil die Maschine sie unseren Fähigkeiten entsprechend runterbricht? Oder denken wir immer ähnlicher, weil unsere Sprache sich angleicht? Kann man es überhaupt noch Denken nennen, wenn wir nur noch vage Ideen fassen und die Ausarbeitung outsourcen? Feinster Stoff für einen dystopischen Roman: Der moderne Frankenstein vertraut seinem Monster so viele Aufgaben an, bis er ohne es nicht mehr überlebensfähig ist.
Trotzdem schreibe ich einen Ratgeber zu LLMs. Wie passt das zusammen?
In Smartphones steckt Kinderarbeit, die Produktion günstiger Lebensmittel laugt die Böden aus, Fliegen zerstört die Atmosphäre etc. pp. Ich will die Welt, in der ich lebe, nicht verdammen. Aber das Mindeste, was ich tun kann, ist, mir bewusst zu machen, dass mein Handeln sie mitgestaltet – im Guten wie im Schlechten.
Nachdem sich allein mit den Schattenseiten von LLMs ein eigenes Buch füllen ließe, stellt sich unweigerlich die Frage: Wofür sind die Dinger überhaupt gut?

Am 30. November 2022 wurde die Version GPT-3 der Welt kostenlos zur Verfügung gestellt. Zwei Monate später hatten 100 Millionen Menschen das Programm ausprobiert. Bis dahin war keine Softwareanwendung schneller gewachsen. Ein Hype. Jetzt könnte man sagen, jeder Hype geht vorbei. Und tatsächlich sinken die Userzahlen bereits wieder.
Aber das liegt einerseits daran, dass die Konkurrenz aufholt (Google zum Beispiel entwickelt PaLM, Meta bringt LLaMa ins Rennen – offensichtlich war bei der Namenswahl niemand vom Marketing dabei). Und andererseits ist noch gar nicht ganz klar, was LLMs überhaupt können. Für viele scheinen sie nichts weiter zu sein als ein witziges Spielzeug. Was bei technologischen Entwicklungen nicht ungewöhnlich ist: Im antiken Ägypten hatte es bereits Dampfmaschinen gegeben, aber bis James Watt dauerte es dann doch noch eine Weile.
Dass LLMs die Welt verändern werden, ist sicher. Im März 2023 forderten große Namen von Elon Musk bis Steve Wozniak ein Moratorium für die Entwicklung Künstlicher Intelligenz.[2] Yuval Noah Harari, der Autor von *Homo Deus* und ebenfalls Unterzeichner der Forderung, sieht in textender KI die größte Gefahr für demokratische Gesellschaften. Im Sommer und Herbst 2023 streikten die Kreativen in Hollywood

2 https://futureoflife.org/open-letter/pause-giant-ai-experiments/

aus Sorge, dass ihre ohnehin tristen Arbeitsbedingungen sich aufgrund von KI weiter verschlechtern würden.

Die Tech-Gemeinde starrt also bang die Geister an, die sie selbst geschaffen hat, und Menschen, die von Berufs wegen schöpferisch tätig sind, malen sich eine düstere Zukunft aus. Gleichzeitig fabulieren Banken wie Goldman Sachs davon, dass die Weltwirtschaft aufgrund von KI jährlich um sieben Prozent wachsen könnte. (An selber Stelle erwartet Goldman Sachs die Automatisierung von 300 Millionen Arbeitsplätzen, was die Frage aufwirft, wer eigentlich von diesem zusätzlichen Wachstum profitieren würde. Vermutlich haben Goldman Sachs und Karl Marx da eine ähnliche Antwort.)

In vielen Bereichen wird textende KI bereits massiv eingesetzt: Versandhändler optimieren ihre userspezifische Werbung, Verkehrsbetriebe ihre Routenplanung, Filmstudios passen ihre Stoffe an die Sehgewohnheiten des Publikums an, Marktforschungsinstitute suchen nach Mustern in Online-Rezensionen.

Wir fassen zusammen: LLMs sind bereits tief verankert in unserer Welt, und sie werden unsere Art zu leben auf den Kopf stellen. Von manchen werden sie als Bedrohung empfunden, von anderen wie ein Heilsversprechen aufgenommen. Warum ist das wichtig für dieses Buch? Weil ich glaube, dass im Gewitter all der wahlweise dystopischen oder begeisterten Meldungen der Blick darauf verloren geht, dass LLMs vor allem eines sind: Werkzeuge. Und wie viele Werkzeuge haben sie zahlreiche Einsatzmöglichkeiten. Darüber hinaus können sie missbraucht werden – sei es aus Unwissenheit oder in böser Absicht. Schon manches Küchenmesser ist zur Mordwaffe geworden. Um ein Werkzeug zu beherrschen, brauchst du gleichermaßen theoretisches Verständnis wie regelmäßige Übung.

Vor allem aber brauchst du zweierlei: Zum einen das Wissen, welches Ziel du eigentlich erreichen willst. Darum wird es im folgenden Kapitel gehen. Zum anderen das Wissen, wann du dein Werkzeug lieber zur Seite legst, weil es mehr schadet als nützt. Darum geht es jetzt.

Um unser Werkzeug richtig einsetzen zu können, müssen wir erst einmal verstehen, wie es funktioniert. Die schlechte Nachricht zuerst: So richtig weiß das bei LLMs niemand. Das zugrunde liegende Prinzip wurde Deep Learning getauft. Falls du technikaffin bist, muss ich dir nichts erklären. Andernfalls nur so viel: Eine KI wird mit Daten gefüttert – je mehr, desto besser –, die sie nach bestimmten Regeln strukturieren soll. Menschen überprüfen die Ergebnisse und melden der KI zurück, ob sie mit der Einordnung danebenliegt oder nicht. Je häufiger diese Korrekturschleife ausgeführt wird, desto besser werden die Ergebnisse. Die KI lernt. Allerdings hat die Methode ab einer gewissen Komplexität den Nachteil, dass nicht mehr nachvollzogen werden kann, wie die KI das macht. Für uns am wichtigsten ist der Umstand, dass die KI regelbasiert vorgeht. Das klingt erst mal wie eine Selbstverständlichkeit, gerade, wenn es um LLMs geht. Auch wir verwenden Sprache in Abhängigkeit von einer Vielzahl von Regeln.

Damit meine ich nicht nur die Grammatik, auf die wir uns beziehen. Mit bestimmten Lauten oder Zeichenfolgen verbinden wir bestimmte Bedeutungen. Intuitiv beachten wir soziale Konventionen, weswegen wir unsere kleine Schwester nicht siezen und unsere Gefühle vor unserer Zahnärztin anders ausdrücken als vor unserem Handballkumpel. Physikalische Rahmenbedingungen bestimmen, dass wir am Telefon unseren Namen sagen, wenn wir die Nummer nicht kennen, und auch, dass wir längere Sätze formulieren, wenn wir uns auf der Couch unterhalten, als beim Joggen.

LLMs folgen Regeln, wir folgen Regeln, also alles dufte?

Nicht ganz.

Denn einerseits machen LLMs Fehler, die manchmal schwer zu erkennen und aufgrund der Prinzipien des Deep Learnings noch schwerer nachzuvollziehen sind. Dies ist vor allem bei

Texten eine Herausforderung, die sachlich korrekt sein müssen, bei wissenschaftlichen Arbeiten etwa. Aber auch wer literarisch schreibt, will vermutlich nicht, dass Dinosaurier und Menschen über dieselbe Wiese spazieren (außer man ist Arthur Conan Doyle oder evangelikaler Bilderbuchautor). Gewichtiger ist aber ein zweiter Umstand: Literarische Texte zeichnen sich dadurch aus, dass sie einen Mehrwert bieten, der über geschilderte Sachverhalte hinausgeht – es geht nicht nur um das Was, sondern auch um das Wie.

Aber, wird jetzt ein überzeugter LLM-Fan einwerfen, ChatGPT kann doch problemlos jeden Stil kopieren, der eine gewisse Reichweite erreicht hat (hier kommt wieder das Deep Learning ins Spiel, das von einer großen Menge Daten abhängig ist). Stimmt. Nur ist das Ergebnis genau das: eine Kopie. Zweifelsohne eine geniale Kopie. Allerdings bringt mir das wenig, wenn ich überrascht werden will, aus der Reserve gelockt, wenn ich irritiert und provoziert, wenn ich begeistert oder berührt werden will.

Die bei LLMs allem zugrunde liegende Regel lautet: Wähle immer Wort für Wort die Formulierung, die aufgrund deiner Datenbasis am ehesten der Erwartung der Aufgabenstellerin entspricht.

Dieser Satz ist so essenziell für das Verständnis, wie ChatGPT funktioniert, dass ich vorschlage, du liest ihn gleich noch ein zweites Mal.

Die bei LLMs allem zugrunde liegende Regel lautet: Wähle immer Wort für Wort die Formulierung, die aufgrund deiner Datenbasis am ehesten der Erwartung der Aufgabenstellerin entspricht.

Alles basiert auf statistischer Wahrscheinlichkeit.

Das erklärt zum einen, warum regelmäßig Fehler entstehen. Hierzu fallen zwei Probleme ins Auge: Erstens erzeugt eine schwache Datenbasis fragwürdige Aussagen. (Wenn überhaupt keine oder sehr wenige Daten vorliegen, wird ChatGPT darauf hinweisen; gefährlicher ist eine überschaubare Datenmenge, die gerade groß genug ist, dass ChatGPT ein Muster erkennt – bzw. zu erkennen glaubt.) Zweitens kann eine falsche oder schwache These als Fakt erscheinen, wenn sie von der Mehrheit der Daten propagiert wird. (Die These etwa, dass die Sesshaftwerdung der Ausgangspunkt für komplexe soziale Systeme war, sieht die archäologische Gemeinschaft als veraltet an, trotzdem behauptet ChatGPT noch im Frühjahr 2024 genau das.)

Zum anderen – und das ist für unsere Ziele entscheidender – bedeutet die Wahrscheinlichkeitsregel, dass LLMs sich noch Jahrzehnte weiterentwickeln können und trotzdem nicht inspirierender werden, als sie es aktuell sind. Im Gegenteil: Je weiter entwickelt das LLM ist, desto sicherer wird es genau die Worte finden, die wir am ehesten erwarten. LLMs können aufgrund ihres Designs nicht originell sein. Erst ein völlig neuer konzeptioneller Ansatz würde Originalität ermöglichen, doch ein solcher ist derzeit nicht absehbar.

Wenn du dich fragst, was LLMs denn dann überhaupt fürs literarische Texten bringen sollen, hast du genau das richtige Buch in der Hand. Bevor es allerdings handwerklich wird, hilft es vielleicht, sich die Funktion von LLMs auf funktionaler Ebene vorzustellen: ChatGPT ist wie Pesto aus dem Glas. Es geht schnell, es geht leicht. Und wenn es die einzige Veredelung deiner Pasta bedeutet, hast du ein geschmacklich solides Gericht. Aber eben auch nicht mehr. Du bekommst, was du erwartest, mit beinahe vollkommener Zuverlässigkeit. Aber wenn du Leute zu Besuch hast, die dir wichtig sind, dann wirst du vielleicht dein Pesto selbst machen wollen. Vielleicht fährst du raus aus der Stadt und sammelst Bärlauch. Trotz der Zeit, die dich das kostet, trotz der Sorge, dass ein Hund in das saftigste Büschel gepieselt haben könnte, trotz der Gefahr, an ein giftiges Maiglöckchen zu geraten. Und spätestens beim Pürieren wirst du von vorfreudiger Aufregung gepackt; der Geruch ist so intensiv und scharf, wie du ihn in keinem Supermarkt-Glas finden wirst. Du bist nervös, denn du kannst nicht sicher sein, dass das Ergebnis deinen Gästen auch zusagt, aber du weißt, du hast ein besonderes Abendessen vor dir. Die Gefahr, dass du eine lebensgefährliche Herbstzeitlose ins Pesto gemischt hast, ist nicht null – aber zu leben bedeutet, Risiken einzugehen, und heute Abend bist du am Leben, oh ja.

Hat dich dieses Bild überzeugt? Womöglich findest du es schief, womöglich auch albern, überzogen, zu bemüht.

Aber von einer Sache bin ich überzeugt: Du wirst mir glauben, dass es nicht von ChatGPT entwickelt wurde. Dazu ist es schlicht zu ungewöhnlich, zu originell.

Sicher, du kannst nicht ausschließen, dass ich die Passage von ChatGPT habe formulieren lassen, aber in diesem Fall müsste ich es gewesen sein, der die Aufforderung erteilt, ChatGPT mit Pesto zu vergleichen. Die Idee wäre nach wie vor meine gewesen. Und daraus ergibt sich – egal, wie genau der Wortlaut letztendlich zustande kam –, dass ich den Text verantworte; dass ich ins Licht trete und sage: Sieh her, Welt, so betrachte ich, Lucas, ein bestimmtes Thema. Nimm Stellung dazu.

Eine stille Übereinkunft setzen wir bei jedem künstlerischen Austausch voraus: dass jemand seine Perspektive teilt; dass es sich um einen bewussten Akt der Kommunikation handelt.

Für eine Kunstausstellung im Jahr 1917 wurde ein ungewöhnliches Stück abgelehnt: ein Pissoir. Die nachfolgende Diskussion machte es zum berühmtesten Pissoir der Weltgeschichte. Der mutmaßliche Urheber Marcel Duchamp behauptete, dass Kunst schon dadurch entstehe, dass man etwas als Kunst betrachte. Für ihn reichte es, dass die Einsendung mit einer Absicht verbunden war. Dass jemand sich bewusst entschieden hatte, genau diesen Gegenstand einzureichen. Hätte bloß ein Paketdienst die falsche Adresse notiert, wäre das Projekt niemals bedeutsam geworden.

Warum spielen DJs nicht vorgefertigte Sets? Gut, vielleicht tun manche das sogar, aber wenn das Publikum davon Wind bekäme, wäre es enttäuscht, manche würden sich sogar verraten fühlen. Kunst ist Austausch. Deswegen gehen wir auf Literaturveranstaltungen, obwohl wir Text visuell besser erfassen können als auditiv. Wir stehen uns auf schlammigen Festivals vor scheppernden Boxen die Beine in den Bauch, anstatt einfach zu Hause zu bleiben und die perfekt abgemischte Studioaufnahme zu hören.

Wir wollen uns anderen Menschen mitteilen. Und wir wollen, dass sich andere Menschen uns mitteilen. Diese Grundkonstante des menschlichen Wesens wird dafür sorgen, dass die vollkommenste computergenerierte Kunst uns weniger erreichen kann als das krakelige Bild unseres fünfjährigen Neffen.

Im Vergleich zu LLMs sind bei bildgenerierender KI die Ergebnisse eindrucksvoller, da sie direkt durch sinnliche Wahrnehmung aufgenommen werden, während Text aus willkürlichen Zeichen besteht, die bewusst decodiert werden müssen. Ein Bild kann ich also wirken lassen, Text muss ich selbst aktiv mit Bedeutung versehen. Deswegen werden wir uns eher Joan Mirós Kreise und Linien ins Wohnzimmer hängen als ein Gedicht in einer Sprache, die wir nicht verstehen. Die Herausforderung, dass wir über Kunst mehr über unsere Mitmenschen erfahren wollen, besteht natürlich weiterhin.

Was bedeutet das alles? Entscheidend für jeden künstlerischen Ausdruck ist meiner Meinung nach, dass ein Mensch Verantwortung für das Geschaffene übernimmt. Du musst das Pissoir nicht selbst produzieren. Es reicht, wenn du es auf die Bühne schiebst und sagst: Seht her, das ist mein Blick auf die Welt, bezieht Stellung.
Und damit genug der ollen Theorie, schnür deine Stiefel, legen wir los!

1 FINDE DEINE IDEE: ALLER ANFANG IST LEICHT

Am Anfang jedes Schreibprozesses steht die Frage: Wie fange ich an? Und genauso regelmäßig lautet die Antwort: Brainstorming! Aber ist Brainstorming tatsächlich so hilfreich, wie vermutet wird? Was steckt überhaupt dahinter?

ChatGPT bietet folgende Erklärung: Brainstorming ist ein Prozess, bei dem eine Gruppe von Personen zusammenkommt, um frei Ideen zu sammeln, Vorschläge zu machen und mögliche Lösungen zu diskutieren, ohne anfangs Einschränkungen oder Kritik zu berücksichtigen.

Klingt nicht verkehrt, aber für unsere Ziele scheint es wenig hilfreich – zumindest, wenn du deine Erzählung alleine schreiben willst, wovon ich für diesen Ratgeber ausgehe. Lass uns auf den Aspekt des freien Sammelns von Ideen konzentrieren. Hier kommt die erste Herausforderung: Wenn wir keine Einschränkungen oder Kritik berücksichtigen sollen, können wir bis in alle Ewigkeit Ideen finden, die so unterschiedlich wie nutzlos sein werden. Ein Umstand, der zu zahlreichen Modifikationen geführt hat, wie die ursprüngliche Aufgabenstellung gestaltet sein müsse – vor allem, heißt es, dürfe sie weder zu weit noch zu eng gefasst sein.

Und damit kämen wir zum ersten Schritt des Schreibprozesses: Was ist dein Ziel? Bitter, das ist die allererste und wichtigste Frage, und gerade hier kann ChatGPT uns nicht helfen. Du musst für dich selbst beantworten, warum du eine Geschichte erzählen willst.

Hast du Freude am Schreiben?

Hältst du deine Geschichte für erzählenswert – sei es, dass sie unterhaltsam ist, sei es, dass sie die Welt verbessert?

Willst du jemand anderem eine Freude machen?

Willst du jemanden beeindrucken?

Willst du dir etwas beweisen?

Hilft dir das Schreiben, die Welt zu verstehen?

Hilft dir das Schreiben, deine Gefühle zu verarbeiten?

Willst du ein Vermächtnis hinterlassen?

Willst du Geld verdienen?

Vermutlich wirst du mehreren dieser Fragen zustimmen. Am wichtigsten ist jedoch, dass du die erste mit Ja beantworten kannst. Wenn du keine Freude am Schreiben hast, verblassen alle anderen Fragen; sie alle lassen sich problemlos beantworten, ohne dass du einen literarischen Text dazu entwickelst. Selbst, wenn du deine Geschichte unbedingt erzählen willst, gibt es zahllose andere Möglichkeiten jenseits des Literarischen: Du kannst einen wissenschaftlichen Essay verfassen oder einen journalistischen Artikel, ein persönliches Gespräch führen oder musizieren, du kannst eine Marmorstatue modellieren oder als Comedienne auf die Bühne treten. Finde den Weg, der zu dir passt. Das klingt banal, aber oft hinterfragen wir zu wenig, warum wir eine bestimmte Richtung eingeschlagen haben.

Ein bisschen vertrackter wird es, wenn wir die Frage nach der Schreibfreude mit Jein beantworten müssen. Das Schreiben macht zwar Spaß, aber nur manchmal oder nur in deiner Vorstellung. Wenn du dann am Schreibtisch sitzt, kommt die Ungeduld, kommen die Zweifel, umflattern dich die Zwänge des Alltags.

Zwei sehr unterschiedliche Herausforderungen können den Schlamassel verursacht haben. Einerseits könnte deine Geschichte nicht zu Ende gedacht sein, dramaturgische Brüche oder Leerstellen aufweisen, schlecht greifbare Figuren beinhalten, thematisch nebulös bleiben, durchsichtige Konflikte entwickeln. Sprich: Der Schatz ist da, es geht nur noch darum, ihn zu bergen.

Andererseits könnte es sein, dass du die falsche Form für deine Geschichte gewählt hast. Vielleicht findest du auf der literarischen Ebene eine bessere – Gedicht statt Roman, Theaterstück statt Hörspiel. Vielleicht wäre aber auch ein ganz anderer

Weg geeigneter für dich. Hier schließt sich der Kreis, denn ob das literarische Schreiben wirklich der Weg ist, den du gehen willst, findest du nur heraus, wenn du die oben gestellten Fragen ehrlich beantwortest.

Allerdings bin ich optimistisch, dass du dieses Buch liest, weil du gerne schreibst. Also zurück zur Anfangsfrage: Was ist dein Ziel? Was willst du erzählen?

Es gibt verschiedene Ansätze, die du zum Ausgangspunkt deiner Geschichte machen kannst.

Hast du ein Thema, das dich fesselt?

Geistern Figuren in deinem Kopf herum, die du zum Leben erwecken willst?

Bist du von einem Genre fasziniert, dem du deinen eigenen Blick hinzufügen möchtest?

Willst du eine Welt erschaffen, in der du dich verlieren kannst?

Zu allen diesen Fragen findest du später noch ausführliche Kapitel. Fürs Erste brauchst du bloß eine grobe Idee, wie du deine Geschichte beginnen willst. Unabhängig davon, ob deine Idee von den Figuren, der Handlung oder der Welt ausgeht, sollte sie ein übergeordnetes Thema besitzen.

Wenn dir das Thema klar ist, kannst du zum nächsten Kapitel übergehen.

Ansonsten ist jetzt der richtige Zeitpunkt, einen OpenAI-Account einzurichten, falls du nicht schon einen besitzt. Die Version 3.5 ist kostenfrei und browserbasiert, du musst also nichts installieren. Du kannst deinen Google-, Microsoft- oder Apple-Account nutzen, statt einen neuen zu erstellen. Das Programm ist größtenteils selbsterklärend. Du kannst verschiedene Chats erstellen, deren Verläufe ChatGPT nicht nur speichert, sondern auch berücksichtigt für neue Eingaben innerhalb eines spezifischen Chats. Wichtig ist außerdem der Rundpfeil, auf den du klicken kannst, wenn du mit einer Antwort nicht zufrieden bist und eine weitere angezeigt bekommen möchtest.

> Die neuere Version 4.0 ist nur in Form des erwähnten Copilot kostenfrei verfügbar, außerdem lassen sich Chatverläufe nur begrenzt speichern. Darüber hinaus braucht Copilot länger, da das Programm das Internet live durchsucht. Zu Recherchezwecken ist das natürlich relevant (siehe dazu Kapitel 8). Immer wenn du den Hinweis [Kontext.] liest, bedeutet das, dass du abhängig vom bisherigen Chat mehr oder weniger Kontext bieten musst, bevor du die nächste ausformulierte Eingabe, also den nächsten Prompt, gibst.

Sobald du dich bei OpenAI eingeloggt hast, wählst du ChatGPT aus, und ein Chatfenster sollte sich öffnen. Jetzt bist du bereit für deine erste Eingabe, den ersten Prompt. Wir brauchen ein Thema. Lass uns schlicht beginnen:

Nenne mir die fünf wichtigsten Themen der Literaturgeschichte.

Du wirst sehr allgemeine Themen aufgezählt bekommen, aber das ist genau, was wir wollen. Wenn keines dabei ist, mit dem du etwas anfangen kannst, kannst du dir über den Rundpfeil eine neue Antwort geben lassen, oder du änderst einfach die Zahl, forderst zum Beispiel zehn Themen ein statt fünf.

> Ich würde dir empfehlen, es bei maximal zehn zu belassen, sonst läufst du Gefahr, dich in der Zahl der Möglichkeiten zu verlieren. Stell dir einen Entscheidungsbaum vor: Wir beginnen mit dem Stamm und entscheiden dann bei jeder Verzweigung neu, in welche Richtung es gehen soll. Wenn wir in der Krone beginnen würden, hätten wir zahllose Ästchen vor uns, die uns allesamt verlockend vorkommen könnten.

Dadurch, dass die Themen so allgemein sind, sollte es dir leichtfallen, dasjenige auszumachen, das am ehesten zu der Geschichte passt, die du schreiben willst. (Es kann sein, dass du mehrere Themen gleichberechtigt in deiner Geschichte verarbeiten willst. Dann ist das Kapitel 3 besonders wichtig für dich.)

Beispielshalber sagen wir, du hast dich für das Thema *Liebe* entschieden.

Versuch mal folgenden Prompt:

Beschreibe, wie das Thema Liebe bisher in der Literaturgeschichte bearbeitet wurde.

Schon hast du einen Überblick, welche Aspekte von Liebe für eine Erzählung geeignet sein könnten. Natürlich könntest du statt der Formulierung »in der Literaturgeschichte« eine konkretere wählen wie »in Young-Adult-Romanen« oder vielleicht sogar »in Jane-Austen-Romanen«. Aber ich würde raten, erst mal einen Überblick zu gewinnen, bevor du dich in Details verlierst.

> Je enger du deine Frage fasst, desto weniger kannst du dich darauf verlassen, dass du korrekte Antworten erhältst. Während die Datenlage zu Jane-Austen-Romanen noch ausreichen sollte, kommt ChatGPT bei unbekannteren Autorinnen an seine Grenzen.

Gönnen wir uns noch einen dritten Schritt. Sagen wir, wir haben uns für eine *verbotene Liebe* entschieden:

Beschreibe, wie das Thema »Verbotene Liebe« bisher in der Literaturgeschichte bearbeitet wurde.

Dieses Spiel kannst du immer weiterführen, aber nach ein paar Runden verliert es seine Nützlichkeit. Wahrscheinlich merkst du schon nach der zweiten oder dritten Eingabe, wie sich manches wiederholt – tiefgreifende Erkenntnisse bleiben aus. Trotzdem würde ich auf diese Übung nicht verzichten, weil du so in wenigen Minuten einen Überblick über dein Thema erhältst, von dem dir manche Aspekte ansonsten vielleicht verborgen geblieben wären.

> Warum habe ich die Formulierung »in der Literaturgeschichte« gewählt? Du willst doch etwas Zeitgemäßes schreiben, was bringt dir da der Hinweis auf »Romeo und Julia«? Zugegeben, auf den ersten Blick hat der literarische Kanon wenig mit dem zu tun, was aktuell in den Regalen der Buchhandlungen steht. Aber tatsächlich ist wie und was wir erzählen davon abhängig, wie und was die Menschen unseres Kulturraums früher erzählt haben. Der Film »Titanic« steht zweifellos in der Tradition des bürgerlichen Trauerspiels, ob wir es merken oder nicht.

Vielleicht fragst du dich, ob ein originelleres Thema nicht die bessere Wahl wäre.

Eher nicht.
Es sind die großen Themen, die unser Interesse wecken, in allen Zeiten und in allen Kulturen. Liebe, Tod, Gerechtigkeit, Spiritualität etc. kehren immer und immer wieder, egal, wie sich die Welt verändert. Es ist nicht das Thema, das originell sein muss, sondern dein Blick darauf.
Und darum geht es jetzt.

2 SETZ DEIN THEMA: MUT ZUM RISIKO

Diese Überschrift klingt erst einmal widersprüchlich, denn du hast ja schon ein Thema (zumindest, wenn du dich mit dem vorigen Kapitel auseinandergesetzt hast). Doch hier geht es nicht darum, dass du ein bestimmtes Thema wählst, sondern *wie* du es präsentierst. Es ist dein einzigartiger Blick auf die Welt, mit dem du das Thema betrachtest – und da dein Blick einzigartig ist, wird es auch deine Erzählung sein. Das ist das Versprechen, das du deinen Leserinnen gibst. Versuche, es zu halten.

Beginne damit, dein Thema mit einer Aussage zu verknüpfen. Das ist der spannendste Punkt des gesamten Schreibprozesses – und auch der heikelste. Denn es ist nicht das Thema, das die Menschen an deiner Geschichte interessiert – es ist die Aussage, die du zu dem Thema triffst. Eine Aussage ist eine Bewertung, ein Urteil. Mit deiner Aussage trittst du heraus aus dem Schatten der Beliebigkeit, mit deiner Aussage machst du dich angreifbar. Natürlich kannst du eine Aussage treffen, die der Erwartungshaltung deines Publikums entspricht, aber es gilt die Faustregel: Je konventioneller deine Aussage, desto mehr musst du dich später bei Plot, Figuren und Welt ins Zeug legen, um dein Publikum zu fesseln.

Ja, mit Banalitäten lassen sich Bestseller schreiben; doch spätestens, wenn deine Erzählung auch für die Nachwelt interessant sein soll, solltest du bereit sein, in der Gegenwart Ablehnung zu riskieren. Der Name Lolita steht inzwischen als Kulturbegriff losgelöst von Nabokovs Roman. Dass Anastasia Steele eine ähnliche Bedeutung erfahren wird, bezweifle ich.

Du brauchst keine Sorge zu haben, dass deine Aussage besonders komplex sein muss. Wichtig ist, dass sie klar ist. Deswegen rate ich dir von offenen Enden ab. Wenn du nicht gerade die Aussage treffen willst, dass ein Thema sich nicht abschließend beantworten lässt, bildet ein offenes Ende einen Schleichweg aus deiner Verantwortung als Autorin.

In dieselbe Rubrik fällt auch: »Schweißgebadet wachte ich auf …« Dein Publikum will sich von deiner Geschichte fesseln lassen, es will mitfiebern mit deinen Figuren, es will glauben, dass deine Geschichte eine Bedeutung hat. »Alles war nur ein Traum« ist das literarische Pendant zu dem Unglück, ein Stück Kirschtorte zu essen und beim letzten Bissen auf einen Kirschkern zu beißen – eigentlich ändert sich nicht viel, und trotzdem ist man irgendwie verstimmt.

Im besten Fall hast du bereits eine Aussage zu deinem Thema im Kopf. Nehmen wir das Beispiel »Verbotene Liebe« und genauer »Liebe außerhalb gesellschaftlicher Konventionen«.

> Im Grunde gibt es genau zwei Liebesgeschichten, die in der einen oder anderen Abwandlung immer wieder erzählt werden. Entweder die Welt will nicht, dass wir zusammenkommen, aber wir suchen trotzdem einen Weg (das entspricht dem Fall oben). Oder wir mögen uns nicht und dann doch. Das entspricht dem gängigen Konzept »Enemies to Lovers«.

Naheliegende Aussagen sind erstens: Gesellschaftliche Konventionen können unmenschlich sein und unnötig Leid erzeugen. Und zweitens: Gesellschaftliche Konventionen sind nützlich und sollten durchgesetzt werden.

Die Aussagen sind gegensätzlich, aber sie haben beide ihre Berechtigung. Während die meisten von uns sich wohl auf die Seite von Romeo und Julia schlagen würden, dürften die wenigsten gut finden, dass Humbert Humbert eine Affäre mit der 25 Jahre jüngeren Lolita beginnt.

Deswegen ist es wichtig, dass du dir schon vor deinem ersten Satz überlegst, welches Thema du mit welcher Aussage verbinden willst. Das geht in beide Richtungen: Wenn du über verbotene Liebe schreiben möchtest, kannst du dir anschließend überlegen, ob du sie verteidigen oder verurteilen willst. Wenn du umgekehrt anfangs nur den Wunsch hast, verbotene Liebe zu verteidigen (oder zu verurteilen), kannst du dir anschließend überlegen, auf welche Art du dein Thema ausgestalten willst, um deine Aussage zu untermauern. Wie kann dir ChatGPT dabei helfen?

Du willst zeigen, dass Liebende unter gesellschaftlichen Konventionen unnötig leiden? Dann kannst du zum Beispiel den Prompt formulieren:

Nenne fünf Möglichkeiten, wie willkürliche gesellschaftliche Konventionen dazu führen, dass eine Liebe unglücklich endet.

Natürlich kannst du auch die gegenteilige These vertreten:

Nenne fünf nachvollziehbare Gründe, warum gesellschaftliche Konventionen eine Liebesbeziehung unmöglich machen können.

Wenn du beide Prompts eingibst, wirst du feststellen, dass die Ergebnisse nicht allzu weit auseinanderliegen. Das liegt einerseits daran, dass wir gerade noch sehr allgemein unterwegs sind.

Während ich bei der Themenwahl noch dazu geraten habe, eine sehr knappe Liste anzufordern, kann das manchmal dazu führen, dass die Ergebnisse so allgemein sind, dass du nichts mit ihnen anzufangen weißt. Dann lohnt es sich, statt nach fünf Gründen nach 15 oder 20 zu fragen. Schon werden die Ergebnisse konkreter.

Andererseits sind die spannendsten Themen eben diejenigen, zu denen verschiedene Meinungen kursieren. Was für den einen ein nachvollziehbarer Grund sein kann, auf eine Liebesbeziehung zu verzichten, ist für die andere eine ungerechtfertigte Einschränkung ihrer persönlichen Entfaltung. Gerade wenn eine Aussage diskutabel ist, wird eine entsprechende Erzählung spannend. Deine Leserin ist vielleicht selbst zwiegespalten, erhofft sich im Erfahren deiner Position einen klareren Blick auf das Thema.

Nun in der anderen Richtung: Du willst über verbotene Liebe schreiben, aber du bist noch nicht sicher, welche Aussage du treffen willst? Probiere es einmal mit folgendem Prompt:

Lohnt es sich, für eine Liebe zu kämpfen, die nicht gesellschaftlichen Konventionen entspricht?

Wenn du mit dem Ergebnis nicht zufrieden bist, kannst du zum Beispiel den Prompt hinzufügen:

Nenne fünf Faktoren.

Wie oben gilt: Wie viele Punkte du auf deiner Liste haben willst, kannst du selbst entscheiden, ich würde prinzipiell mit einer kleinen Zahl anfangen und diese dann bei Bedarf langsam erhöhen. Alternativ kannst du auch auf den Rundpfeil klicken, um dir ein weiteres Ergebnis anzeigen zu lassen. Der Unterschied zu einer erweiterten Liste besteht darin, dass das Ergebnis nicht differenzierter ist, sondern nur mit anderen Schwerpunkten versehen.

Generell solltest du dir bewusst machen: Alle Prompts, die ich dir vorschlage, sind genau das – Vorschläge. Du kannst deine Prompts variieren, wie du möchtest, solltest du sogar. Einerseits aus dem offensichtlichen Grund, dass es sich bei dem Thema der verbotenen Liebe nur um ein Beispiel handelt, du also sowieso alle Prompts an dein eigenes Thema anpassen musst. Andererseits ist ChatGPT kein Ghostwriter, der dir alle Arbeit abnimmt; betrachte die Software eher als Sparringspartner, dem du im geschützten Rahmen Ideen entgegenwerfen kannst, um sie zu testen. Im Formulieren der Frage befindest du dich schon auf dem Weg zur Antwort. Hier steckt die eigentliche kreative Leistung.

Inzwischen solltest du dein Thema umrissen haben und eine entsprechende Aussage dazu. Sagen wir: Liebe außerhalb gesellschaftlicher Konventionen kann die Gesellschaft insgesamt verändern.

Was jetzt fehlt, ist die konkrete Geschichte, in die du dein Thema betten willst. Wir möchten vom Abstrakten ins Konkrete, und das geht am besten mit Beispielen.

Nenne fünf literarische Beispiele, wie eine Liebe außerhalb gesellschaftlicher Konventionen die Gesellschaft insgesamt verändern kann.

Das Ergebnis erinnert dich zu sehr an den Deutschunterricht? Dann experimentiere. Verlange »zeitgenössische literarische Beispiele«, streiche »literarische«, erhöhe die Zahl an Beispielen, die du angezeigt bekommen möchtest. Sei fantasievoll, tob dich aus. Du hast einen riesigen Spielraum, um Ergebnisse zu finden, mit denen du etwas anfangen kannst.

Wichtig ist, dass das Beispiel tatsächlich deine Aussage begründet.

> Folge der Formel: x bedeutet y, weil z.
>
> Liebe macht blind, weil man nichts mehr sieht außer dem geliebten Geschöpf.
>
> Eifersucht führt zu Einsamkeit, weil man die Menschen verliert, die einem am nächsten stehen.

Der Tod ist wertvoll, weil das Leben ohne ihn bedeutungslos wäre.

Es handelt sich hier nur um strukturelle Beispiele, inhaltlich musst du keineswegs zustimmen. Im Gegenteil, erinnere dich an meinen Hinweis oben: Je kontroverser eine Position, desto fesselnder ist sie – immer vorausgesetzt, du kannst sie kohärent begründen.

Spätestens hier müssen wir uns entscheiden, ob wir mit dem Pestoglas aus dem Supermarkt zufrieden sind oder uns auf die Bärlauchsuche machen wollen. ChatGPT schlägt viel vor, aber kaum etwas, das uns überrascht, das ungewöhnlich ist. Du kannst in deinem Prompt explizit erwähnen, dass es sich um ungewöhnliche oder originelle Beispiele handeln soll – nobelpreisverdächtig wird das Ergebnis dadurch trotzdem nicht. **ChatGPT-Ergebnisse sind ein guter Ausgangspunkt, aber selten taugen sie zum Kern deiner Story.**

Als Beispiel für den weiteren Verlauf wähle ich die Liebe zwischen der Tochter eines mächtigen Beamten und einem gesuchten Verbrecher. Beamter? Ach was, Magierkönig!

Voilà, wenn mich jemand fragt, um was es in meinem Buch geht, kann ich ohne zu stottern antworten: Meine Story handelt von der Tochter eines Magierkönigs, die sich in einen Re-

bellen verliebt, über diesen von der Schreckensherrschaft ihres Vaters erfährt und sich schließlich gegen ihn stellt. Klingt doch nach einer guten Basis, oder?
Und dabei habe ich noch keinen Satz geschrieben.

> Vielleicht fragst du dich, ob so viel Planung im Vorfeld nötig ist. Stephen King und J. K. Rowling beginnen ihre Bücher ohne langes Zaudern und sind damit nicht gerade erfolglos geblieben. Wenn das dein Weg ist, gehe ihn. Meine Erfahrung ist allerdings, dass die wenigsten ihre Schreibidee bis zur letzten Seite retten können, wenn sie nicht zumindest zwei essenzielle Fragen beantworten:
>
> Worum geht es mir?
>
> Wie endet meine Geschichte?
>
> Das eine bedingt das andere. Wenn ich die Aussage treffen will, dass gesellschaftliche Konventionen eine große Liebe verhindern, muss die Story tragisch enden. Wenn sie positiv endet, habe ich eine andere Aussage, und zwar: Liebe überwindet gesellschaftliche Konventionen.

Bevor du dein Thema endgültig festlegst, solltest du dir noch einmal kurz Gedanken machen, für wen du schreibst. Im vorigen Kapitel hast du ja bereits verschiedene Fragen beantwortet, *warum* du schreibst. Jetzt geht es konkret um deine Zielgruppe. Schreibst du nur für dich? Für einen einzelnen anderen Menschen? Für deinen Freundeskreis? Für ein kleines, eng umgrenztes Publikum? Für die Allgemeinheit?

Die Antworten auf diese Fragen sind wichtig; denn damit meine Erzählung ihre volle Wirkung entfalten kann, muss mir bereits beim Schreiben bewusst sein, an wen ich sie adressiere. Wenn du darauf aus bist, dass einfach alle deine Geschichte gut finden, riskierst du, dass am Ende niemand etwas mit ihr anfangen kann.

Sobald du deine Zielgruppe bestimmt hast, folgt ein zweiter, nicht minder wichtiger Schritt: Überlege dir, warum gerade du diejenige bist, die diese Geschichte erzählen sollte.

Mögliche Gründe lassen sich in drei Kategorien einordnen:

1. Du kennst dich aus. Hast du einen besonderen Einblick in die Thematik, zum Beispiel, weil du eine entsprechende Ausbildung hast oder im entsprechenden Umfeld arbeitest? Vielleicht hast du auch einen persönlichen Bezug zu dem Thema? Oder du hast jedes Buch über Magierkönige gelesen, das je geschrieben wurde?

2. Du hast eine ungewöhnliche Meinung. Vielleicht hast du das Gefühl, bestimmte Aspekte des Themas werden verkürzt oder verzerrt dargestellt oder gänzlich vernachlässigt?

Vielleicht gibt es neue wissenschaftliche Erkenntnisse oder gesellschaftliche Entwicklungen, aber die Debatte verharrt auf einem veralteten Stand?

3. **Du bist fasziniert.** Unzählige Themen schwirren durch unseren Alltag, verlangen Aufmerksamkeit, wollen eingeordnet, bewertet werden – aber dieses eine fesselt dich mehr als alle anderen. Immer wieder setzt du dich mit ihm auseinander; sei es freiwillig oder weil äußere Umstände dich dazu drängen. Es lässt dich nicht los, und auch du kannst nicht loslassen. Du musst das Thema nicht gut finden (im Gegenteil, starke Storys behandeln oft negative Themen wie Gewalt, Ungerechtigkeit, Einsamkeit, Angst etc.), aber es muss starke Gefühle in dir wecken.

Diese Kategorien stehen nicht gleichberechtigt nebeneinander. Die dritte ist die wichtigste: **Der sicherste Weg, etwas Fesselndes zu schreiben, besteht im Schreiben über etwas, das dich selbst fesselt.** Außerdem wird es dir nicht nur eher gelingen, dir die nötige Zeit einzuräumen, sondern auch, mögliche Zweifel zu überwinden, handwerkliche Herausforderungen zu meistern.

Vorher habe ich für eine starke Aussage plädiert; aber auch mit einer konventionellen Aussage kann eine Story ihr Publikum erreichen (denke etwa an die zahllosen Krimis, die

damit enden, dass das jeweilige Verbrechen aufgeklärt wird – Aussage: Missetaten bleiben nicht ungesühnt).
Die erstgenannte Kategorie ist diejenige, die du am ehesten vernachlässigen kannst. Nicht unbedingt während des Schreibens. Aber fürs Erste geht es darum, ob das Thema überhaupt von dir erzählt werden sollte. Und da kann ich dir sagen: ja. Lass dich nicht davon einschüchtern, dass du noch keine Expertin bist. Wenn du für etwas brennst, dann wird es dir leichtfallen, dich mit einem Sachverhalt tiefgründig genug auseinanderzusetzen, um deine Aussage auf ein solides Fundament zu stellen. Umgekehrt ist es ein Alarmsignal, wenn du dich zur Recherche zwingen musst. (Dafür gibt es eine Vielzahl möglicher Gründe; vielleicht bist du unzufrieden mit der Themenwahl, vielleicht bist du nicht überzeugt von deiner Aussage, vielleicht zweifelst du an deinen handwerklichen Fähigkeiten. Näheres zu diesen und weiteren Fällen findest du in Kapitel 8.)
Eine Idee zu setzen, beinhaltet immer auch das Risiko, dass du sie wieder verwerfen wirst, um Raum für eine bessere Idee zu schaffen.

3 EINE STRUKTUR SCHAFFEN: SCHABLONEN WOLLEN GEFÜLLT WERDEN

So, du weißt also, *was* du erzählen willst. Im nächsten Kapitel widmen wir uns der Frage, *wie* du es erzählen willst. Dabei geht es noch nicht um formale Fragen (diese erhalten in Kapitel 9 ihre Bühne). Vielmehr wollen wir uns überlegen, welche Möglichkeiten es gibt, deinen Inhalt zu strukturieren. Wie immer gilt die Empfehlung, allgemein zu beginnen und dann konkreter zu werden. Für die erste grobe Orientierung, wie deine Geschichte aufgebaut sein soll, steht dir zum Glück eine Auswahl hilfreicher Schablonen zur Verfügung: Genres. Genres sind Kategorien, um ähnliche Werke abhängig von gemeinsamen Merkmalen oder Themen zu gruppieren, um dem Publikum eine Orientierung zu geben, was es erwarten könnte.

Es mag Kreise geben, in denen der Begriff *Genreliteratur* verschrien ist. Doch deine Erzählung in eine bestimmte Schublade zu stecken, ermöglicht es nicht nur deinem Publikum, abzuschätzen, was es erwartet, sondern stellt dir selbst eine bewährte Struktur zur Verfügung, die du beileibe nicht nutzen musst, aber kannst.

Ich rate dir davon ab, dich zu sehr darum zu bemühen, jeder möglichen Kategorisierung auszuweichen. In irgendein Subgenre oder Cross-Genre wird man dich einordnen, ob du willst oder nicht – und sei es auch nur in das nebelige Feld der Gegenwartsliteratur. Wie wir im vorigen Kapitel beobachtet haben, geht es nicht darum, dass du etwas ganz Eigenes machst. Es geht darum, dass du ein bekanntes Thema wählst und mit deinem eigenen Blick versiehst.

Vielleicht hast du schon ein bestimmtes Genre im Kopf. Wenn nicht, kannst du ChatGPT um eine Liste bitten.

Nenne mir fünf Genres im Gegenwartsroman.

Die Ergebnisse dürften dich wenig überraschen. Entweder du verlangst eine erweiterte Liste oder eine Differenzierung.

Nenne mir fünf Subgenres zum Genre Fantasyroman.

Alternativ kannst du ChatGPT auch fragen, welches Genre zu deinem Thema passt.

Ich möchte eine Story über die Tochter eines Magierkönigs schreiben, die sich in einen Rebellen verliebt, über diesen von der Schreckensherrschaft ihres Vaters erfährt und sich schließlich gegen Letzteren stellt.

Nenne mir fünf passende Genres.

Natürlich lässt das Stichwort »Magierkönig« direkt an Fantasy denken; doch ich finde es hilfreich, nicht bei der ersten

Zuschreibung zu verharren, die mir in den Kopf kommt. Wieder stehen wir vor der Entscheidung Supermarkt-Pesto oder nicht. Denn die Genres, die ChatGPT uns vorschlägt, sind allesamt genauso treffend wie vorhersehbar. Noch einmal: Es ist völlig legitim, eine Story zu entwickeln, die vom Prinzip her schon erzählt wurde. Es ist dein Blick darauf, der interessant ist. Trotzdem kann es deine Story enorm bereichern, wenn du ihr schon konzeptuell einen besonderen Twist gibst. Die ChatGPT-Ergebnisse würden dann nicht mehr als deine Vorlage fungieren, sondern eher eine Übersicht des Erwartbaren darstellen, eine Blaupause dessen, wovon du dich abheben kannst. Das bedeutet nicht, einen völlig anderen Weg einzuschlagen; manchmal genügt eine kleine Wendung, und deine Story bekommt ihren ganz eigenen Drive. Sagen wir, wir haben uns für eine Mischung aus romantischer Dreiecksgeschichte und Fantasy-Epos mit der Konstellation Gut gegen Böse entschieden. Die Prinzessin ist mit einem Höfling verlobt, dem zwar das Bad-boy-Image des Rebellen fehlt, der allerdings sein Herz am rechten Fleck hat. Solide Sache, würde ich behaupten. Zweifellos lässt sich daraus eine spannende Handlung entwickeln.

Spätestens jetzt ist es Zeit, ein paar passende Namen zu kreieren, so lassen sich Ideen und erste Schreibimpulsive viel anschaulicher fassen. Und hier bietet ChatGPT zahllose Vorschläge, mein Prompt lautet so:

Nenne mir fünf Beispiele, wie eine Prinzessin / ein Rebellenkrieger / ein Höfling / ein Magierkönig in einem Fantasy-Epos heißen könnte.

Ich entscheide mich spontan für Leandra, Jaro, Eledin und Daroban; die Namen später noch mal auszutauschen, ist schließlich keine große Sache.

Zurück zu unserer Geschichte. Geht vielleicht noch mehr? Finden wir verstecktes Potenzial? Tatsächlich sorgt manchmal eine minimale gedankliche Leistung, zu der ChatGPT aufgrund seiner Konstruktion niemals in der Lage wäre, für eine ganz neue Dynamik. Wie wäre es, wenn Eledin gar nicht Leandras Verlobter wäre, sondern ihr Bruder und außerdem Hauptmann der Palastwache? Dreiecksgeschichten gibt es schon viele – aber wenn sich Leandra zwischen geschwisterlicher und romantischer Liebe entscheiden muss, befinden wir uns bereits auf einem weniger ausgetretenen Pfad.

Es findet sich noch ein weiterer Vorteil: Falls wir ein positives Ende wollen, wird es uns leichter fallen, Eledin und Jaro zu versöhnen. Angst, dass es zu cheesy wird, habe ich nicht, es gibt ja noch den bösen Vater.

Du siehst, in wenigen Schritten haben wir aus einer soliden Basis eine Story gemacht, die ins Auge fällt.

> Das sollte vorerst reichen. In unserem Beispiel haben wir schon drei Schwerpunkte, die unsere Geschichte tragen könnten: die verbotene Liebe zwischen Leandra und Jaro, Leandras Emanzipation von ihrem mächtigen Vater, außerdem der Kampf gegen ungerechte Verhältnisse. Wenn wir die Magie als Platzhalter für besondere Fähigkeiten betrachten wollen, kommt noch ein vierter Aspekt hinzu: Sind Menschen, die besonders begabt sind, wertvoller als andere?
>
> Als Faustregel gilt: **Fokussiere dich nicht auf mehr Hauptthemen, als deine Geschichte an Hauptfiguren aufweist.**

Während es beispielsweise bei Harry Potter neben all den Abenteuern doch auch immer ums Erwachsenwerden geht, sind gerade Krimis anfällig dafür, unzusammenhängende Themen zu behandeln – die falschen Fährten lenken misslicherweise nicht nur von der Tatperson ab, sondern auch vom eigentlichen Thema.

In vielen Fällen können wir ChatGPT als eine verbesserte Suchmaschine betrachten, die uns das zeitfressende Browsen durch verschiedene Websites erspart (zu den Tücken siehe das nächste Kapitel). Wenn wir uns zum Beispiel für ein Genre entschieden haben, gibt uns ChatGPT sekundenschnell einen Überblick dazu. Dieser Überblick ist umso hilfreicher, je klarer umrissen das Genre ist.

Nenne mir die fünf wesentlichen Charakteristika eines Fantasy-Liebesromans.

Schön und gut. Aber wie bringe ich die Idee für meine Story ins Spiel?

Ich möchte eine Story über die Tochter eines Magierkönigs schreiben, die sich in einen Rebellen verliebt, über diesen von der Schreckensherrschaft ihres Vaters erfährt und sich schließlich gegen Letzteren stellt. Wie kann ich diese Story in ein Fantasy-Szenario einbetten?

Schon haben wir einen ersten möglichen Entwurf für unsere Geschichte. Denk daran, dass du jederzeit den Rundpfeil anklicken kannst, wenn dir das Ergebnis nicht gefällt. Während ich dir gewöhnlich nicht raten würde, dich schnell zufriedenzugeben, kannst du in diesem Fall ruhig mit einem mittelmäßigen Vorschlag vorliebnehmen. **ChatGPT liefert Schablonen. Die Kunst besteht darin, diejenige Schablone auszuwählen, aus der es dir am leichtesten fällt, etwas Eigenes zu entwickeln.**

PLÖTZLICH SAH SIE DAS VERHÄNGNIS: PLOT

Während das Genre den generellen Vibe beschreibt, der einer Geschichte innewohnt, soll es im Folgenden um den Plot gehen. Unter *Plot* werden gemeinhin die wichtigsten Entwicklungsstufen zusammengefasst, die eine Geschichte durchlaufen muss, um rund bzw. vollständig zu wirken. Es geht also nicht nur um die Abfolge der einzelnen Ereignisse, sondern um ihre kausale Verknüpfung. Ereignis B folgt nicht einfach Ereignis A, sondern ergibt sich daraus. Die einzelnen Plotpoints zu fixieren, hilft, den roten Faden im Blick zu behalten.

Beschreibe die zehn wichtigsten Plotpoints für eine Erzählung.

Wir können natürlich auch das Genre aufgreifen.

Beschreibe die zehn wichtigsten Plotpoints für einen Fantasy-Liebesroman.

Wenn du dich mit dem Konzept der Heldenreise auseinandergesetzt hast, wirst du feststellen, dass das Ergebnis im Vergleich zum vorherigen Prompt ganz ähnliche Elemente beinhaltet. Das liegt daran, dass die Heldenreise, wie Joseph Campbell sie 1949 als Erster analytisch beschrieben hat, nichts anderes ist als derjenige Plot, der sich über alle Zeiten und Kulturen am regelmäßigsten findet.

> Vereinfacht gesagt beschreibt die *Heldenreise* verschiedene Stationen, die ein Protagonist passieren muss, um ein Abenteuer zu bestehen. Übliche Stationen sind Ruf und Aufbruch, Zögern und Gefährten, Feinde und Hindernisse, drohende Niederlage und Verzweiflung, Sieg über das Böse, Belohnung, Wachstum und Rückkehr.

Natürlich gibt es zahllose andere Möglichkeiten, deine Geschichte zu entwickeln, und die Kunst lebt davon, ausgetretene Pfade zu verlassen. Aber bevor du alleine in den Dschungel aufbrichst, hilft es, dir trotzdem vorher zwei Dinge klarzumachen: Was mache ich, wenn ich mich verlaufen habe? Und wo will ich überhaupt hin? Dafür ist nichts so hilfreich wie das Wissen darum, welche Pfade die Abenteurer vor dir gegangen sind – und welche Ziele sie dabei verfolgt haben.

Nenne mir fünf verschiedene Plotstrukturen.

Sei so experimentell, wie du möchtest. Wenn du noch wenig Schreiberfahrung hast, würde ich dir allerdings vorschlagen, eine Struktur zu wählen, die dir aufgrund deiner Leseerfahrung vertraut ist. Zurück zu unserem Beispiel.

Ich möchte einen Fantasy-Liebesroman über die Tochter eines Magierkönigs schreiben, die sich in einen Rebellen verliebt, über diesen von der Schreckensherrschaft ihres

Vaters erfährt und sich schließlich gegen Letzteren stellt. Was sind die zehn wichtigsten Plotpoints?

Vielleicht kommt dir das Ergebnis banal vor, vielleicht bist du gelangweilt von dem Muster, das du im Vergleich mit den vorherigen Prompts erkennst. Dann kann ich dich beglückwünschen, denn die Art, wie wir Geschichten wahrnehmen, was wir von ihnen erwarten, ist geprägt von immer wiederkehrenden Mustern. Auf dieser Grundlage formuliert ChatGPT seine Antworten.

Dass du die Wiederholung womöglich langweilig findest, ist legitim, aber sieh es als Übung: **Je besser du die gängigen Muster verinnerlichst, desto leichter gelingt es dir, eine Idee als originell zu erkennen.**

Manchmal genügt es, einen einzigen Plotpoint zu variieren, um eine 08/15-Geschichte in eine überraschende und fesselnde Story zu verwandeln. In meinem Beispiel hat ChatGPT erwartbarerweise vorgeschlagen, dass Leandra ein priviligiertes Leben im Palast führt. Aber wie wäre es, wenn sie bereits von ihrem Vater verstoßen wurde, bevor sie Jaro trifft? Ich frage ChatGPT nach möglichen Gründen und entscheide, dass Leandra gegen alle Erwartung die magische Macht ihres Vaters Daroban nicht geerbt hat. Ist sie gar nicht seine Tochter? Vielleicht will Daroban sie nicht nur verbannen, sondern sogar umbringen – doch ihr Bruder Eledin verhilft ihr zur Flucht. Auf einmal haben wir nicht mehr nur den Konflikt, dass Leandra einen Rebellen liebt; inzwischen steht ihre ganze Identität auf dem Prüfstand.

Dies ist ein zentrales Prinzip, um erfolgreich mit unserem Bot zu arbeiten: **Nimm eine Schablone von ChatGPT und mach etwas Eigenes daraus.**

Muster sind nicht per se problematisch. Im Gegenteil, sie helfen dir, eine Story zu schreiben, die sich kontinuierlich entwickelt, ohne dass du dein Ziel aus den Augen verlierst. Selbst erfahrene Autorinnen und Autoren stecken in der Mitte ihrer Geschichte manchmal fest. Der einfachste Weg, dieses Risiko schon im Vorfeld zu minimieren, besteht in der verbindlichen Entscheidung, welche fünf (oder sieben oder zehn) Stufen dein Plot besitzen muss, um dich dort hinzubringen, wo du hinwillst.

4 DIE PRÜFUNG ODER ERFOLGREICH RECHERCHIEREN

Zwischenstand:

1. Du hast ein Thema, das du mit einer persönlichen Aussage verknüpft hast.
2. Du hast dich für ein Genre entschieden oder zumindest für den generellen Vibe deiner Story.
3. Du hast die wichtigsten Stufen deines Plots bestimmt.
4. Du weißt, wie deine Geschichte enden soll.

Du findest, das ist ein guter Moment, um loszulegen?

Yes.

Alle weiteren Kapitel kannst du auch während des Schreibprozesses lesen, ohne dass du riskierst, noch mal von vorne anfangen zu müssen. Wenn du wenig Schreiberfahrung hast, würde ich dir trotzdem empfehlen, die Lektüre erst zu beenden – das wird dir einige Mühen während der Überarbeitung ersparen.

Recherche. Eine leidige Sache, die du aus der Schule, der Uni, der Ausbildung kennst, womöglich auch von deiner Arbeit. Und vielleicht fragst du dich, ob Recherche beim literarischen Schreiben so wichtig ist, immerhin geht es doch darum, der

Fantasie freien Lauf zu lassen. Vielleicht hast du sogar einen Fantasy-Roman geschrieben, dir eine ganz eigene Welt ausgedacht, damit du genau das nicht tun musst: recherchieren. Die gute Nachricht zuerst: Ja, künstlerische Freiheit erstreckt sich auch auf die Darstellung von vermeintlichen Fakten. Du bist der Wahrheit weit weniger verpflichtet als jemand, der eine wissenschaftliche Arbeit schreibt oder auch nur einen Geschäftsbericht.

Manchmal ist es sogar im Sinne der Story, Fakten bewusst zu ignorieren. Die allermeisten mittelalterlichen Städte waren von einem Graben umgeben, um die Erstürmung zu erschweren. In den meisten Filmen, die den Angriff auf eine mittelalterliche Stadt zeigen, ist weit und breit kein Graben in Sicht. Warum? Weil Gräben extrem hilfreich dabei sind, gegnerische Armeen von einem Sturmangriff abzuhalten. Aber Filme wollen spannende Bilder zeigen: Brandpfeile, Belagerungstürme, Leitern, siedendes Pech, das ganze Programm. Eine mehrjährige Belagerung, bis entweder den Angreifern oder den Verteidigern Wasser und Nahrungsmittel ausgehen, ist vielleicht historisch korrekt – aber im Film selten der große Kracher.

Die auf den ersten Blick nicht ganz so gute Nachricht: Ein gutes Buch braucht trotzdem eine solide Recherche.

Auf den zweiten Blick ist auch diese Nachricht eine gute. Das hat drei Gründe.

1. Wenn du gezielt vorgehst, nimmt eine adäquate Recherche viel weniger Raum ein, als du womöglich befürchtest.

2. Die Zeit, die dich die Recherche kostet, gewinnst du beim Schreiben mehrfach zurück. **Es ist viel einfacher, Worte zu einem Sachverhalt zu finden, in dem du dich auskennst, als dir bei relativer Ahnungslosigkeit eine plausible Darstellung aus den Fingern zu saugen.**

3. Deine Story wird besser. Je nachdem, wie du recherchierst, kann es sein, dass nur ein paar Prozent deiner Rechercheergebnisse in die Geschichte einfließen. Aber das sind die entscheidenden, um deinem Publikum das Gefühl zu geben, wirklich in einer anderen Welt zu sein. Dabei spielt es keine Rolle, ob es sich bei der beschriebenen Welt um ein Dorf in Brandenburg handelt oder um ein galaktisches Imperium – entscheidend ist die Kohärenz: Die verschiedenen Elemente deiner Story widersprechen sich nicht, sondern fügen sich zu einem stimmigen Gesamtbild (zur Kohärenz siehe auch Kapitel 5).

Also: Wie recherchierst du schnell, hilfreich und korrekt? Zuerst einmal solltest du beim Recherchieren statt auf ChatGPT auf Copilot zurückgreifen (das geht ab Windows 11 im Suchfenster, ansonsten kannst du dich über den Microsoft-

Edge-Browser bei Bing anmelden oder bei Skype die entsprechende Funktion nutzen). Die Technologie ist dieselbe, allerdings in einer aktuelleren Version. Copilot hat einerseits den Vorteil, dass es das Internet live nach Antworten durchsucht und nicht wie ChatGPT auf einen fixen Datensatz festgelegt ist. Andererseits gibt es die Quellen an, die seinen Antworten zugrunde liegen.

Doch auch hier ist Vorsicht geboten: Weder kannst du sicher sein, dass die angegebenen Quellen seriös sind, noch, dass die Ergebnisse tatsächlich aus diesen Quellen stammen. Im Zweifel musst du die Ergebnisse also nach wie vor selbst überprüfen.

Es bietet sich an, deine Suchanfragen in zwei Kategorien zu unterteilen.

Die erste Kategorie betrifft Inhalte, die maßgeblich für deine Story sind. Wenn Leandra ihre Abenteuer gar nicht in einer Fantasy-Welt erlebt, sondern im mittelalterlichen Venedig, wirst du viele Leserinnen anziehen, auf die vor allem die historische Komponente Reiz ausübt. Hier lohnt sich eine umfassende Überprüfung deiner Rechercheergebnisse. Aber auch, wenn deine Fantasy-Welt ähnliche Merkmale wie

Venedig aufweisen soll, ist es sinnvoll, Anregungen für die Ausgestaltung des erzählten Orts zu recherchieren.

Die zweite Kategorie betrifft Details, die deine Figuren lebendiger und deine Welt greifbarer machen. Hier musst du weniger gründlich sein, hast aber den Vorteil, dass du mit wenig Aufwand besondere Momente schaffen kannst.

Auch wenn Copilot Quellen nennt, ist das Programm abhängig von präzisen Anfragen.

Welche Arten des Machtwechsels fanden sich im mittelalterlichen Venedig?

Ich erhalte eine ziemlich allgemeine Antwort, also formuliere ich um:

Wie sah die Thronfolge im mittelalterlichen Venedig aus? Gab es Frauen an der Spitze?

Wie tief du in den Kaninchenbau hinabsteigen willst, bleibt dir überlassen; wichtig ist, dass du ein Gefühl entwickelst, welche Informationen dir fehlen bzw. welchen Sachverhalt du fälschlicherweise als gegeben hinnimmst.

Als Faustregel gilt: **Je wichtiger ein Sachverhalt für die Entwicklung deiner Handlung ist, desto gründlicher solltest du ihn recherchieren.**

Da Copilot Quellen zwar nennt, aber nicht nach ihrer Seriosität gewichtet (was vielleicht tatsächlich keinem Algorithmus überlassen werden sollte), möchte ich dir einen kleinen Exkurs zumuten, was eine gute Recherche ausmacht. Hierbei gibt es fünf Aspekte, auf die du besonders achten solltest:

- Aktualität
- Transparenz
- Differenziertheit
- Autorität der Quellen
- Zahl der Quellen

Aktualität erklärt sich von selbst. Fast alle seriösen Websites zeigen das Datum an, an dem der jeweilige Beitrag veröffentlicht wurde. Zeitungen sowieso. In Büchern findet sich sowohl das Erscheinungsjahr der ersten Auflage als auch das der vorliegenden. Aktuelle Quellen brauchst du im Übrigen nicht nur bei zeitgenössischen Themen. Auch das Wissen um historische Sachverhalte entwickelt sich weiter. Darüber hinaus kann die Wissenschaft noch so nüchtern daherkommen, sie ist doch immer ein Kind ihrer Zeit. (Das gilt natürlich auch für die Gegenwart, wenn du also ein möglichst vollständiges Bild erlangen willst, vergleiche Quellen aus verschiedenen Zeiten.) *Differenziertheit* beschreibt die Bereitschaft der Quelle, Zweifel zuzulassen und zu formulieren. Die Welt ist nicht schwarzweiß. Wer das zu vehement behauptet, hat vermutlich kein

Interesse an der Wahrheit, sondern will bloß recht behalten. Eine seriöse Zeitung druckt Gegendarstellungen und Berichtigungen, eine seriöse Politikerin gibt Fehler zu. Auch emotional vorgebrachte Argumente bleiben auf Sachebene, statt das Gegenüber anzugreifen. Es gilt: Wer bereit ist zuzugeben, dass er nicht im Besitz der reinen Wahrheit ist, kommt ihr am nächsten.

Transparenz fragt danach, ob die Agenda einer Quelle klar ist. Vorsicht walten lassen musst du genauso bei Social-Media-Influencerinnen, die für ihre Inhalte bezahlt werden, wie bei Nachrichtenportalen, die vorgeblich neutral berichten, aber womöglich die Interessen eines Superreichen, einer politischen Partei oder einer Terrororganisation vertreten. Hier lautet die zentrale Frage: Wer steckt dahinter? Gibt es ein Impressum? Bei Plattformen mit großer Reichweite genügt gewöhnlich eine kurze Online-Suche, um Hinweise für einen Etikettenschwindel zu erhalten. Bei Plattformen (oder Influencern) mit geringer Reichweite würde ich vorschlagen: Spar dir den Aufwand, mehr über die Plattform zu erfahren – sieh lieber, ob du die Information auch woanders findest.

Autorität erwirbt sich eine Quelle, indem sie aktuell, transparent und differenziert berichtet. Darüber hinaus kann sie institutionelle, kompetenzbasierte und informationsbasierte

Autorität besitzen. Wenn es um die Aktionen der Bundesregierung geht, bildet die Bundespressekonferenz (BPK) eine gute erste Anlaufstelle, die institutionelle Autorität besitzt. Sie ist aktuell und transparent, vermutlich aber nicht ausreichend differenziert, da sie ganz offiziell die Positionen der Regierung vertritt. Eine politische Journalistin mit entsprechender Ausbildung und jahrelanger Berufserfahrung erhält ihre Autorität durch Kompetenz. Sie berichtet aktuell und im besten Fall auch differenziert; aber ob hinter ihrem journalistischen Anspruch nach Objektivität eine versteckte Agenda am Werk ist, ist nicht leicht festzustellen. Ein ehemaliger Mitarbeiter des Kanzleramts, der ein Enthüllungsbuch schreibt, besitzt Informationen aus erster Hand, was ihn mit einer gewissen Autorität ausstattet. Die Agenda dürfte transparent sein (Geld, Ruhm, vielleicht auch das wertebasierte Bedürfnis nach der Aufklärung von Missständen), aber gerade diese Agenda erschwert eine differenzierte Betrachtungsweise. Darüber hinaus veralten die Informationen, auf die er sich bezieht. Du siehst, jede Quelle hat Vorteile, aber auch Tücken. Das führt uns zum letzten Punkt.

Die *Zahl der Quellen* sollte umso höher sein, je wichtiger es dir ist, dass du dich auf eine Information verlassen kannst. Allerdings geht es nicht nur darum, dass Google viele Websites mit derselben Aussage findet, sondern auch darum, dass es sich um Websites mit möglichst unterschiedlichen Agendas handelt. Wenn *taz* und *Bild* dieselbe Nachricht verbreiten, hat das mehr Gewicht, als wenn *Bild* und *Welt* es tun (die beide zum Axel Springer Verlag gehören).

Um die Qualität einer einzelnen Quelle zu prüfen, hilft oft ein kurzer Blick auf weitere Beiträge, die von derselben Quelle veröffentlicht worden sind. Gibt es regelmäßige Veröffentlichungen? Sind die Beiträge differenziert? Handelt es sich um ein klar abgestecktes Themenfeld? Wird die Agenda klar benannt? (Das kann natürlich eine Finte sein, aber zumindest hast du jetzt eine Orientierung, anhand derer du die Beiträge abklopfen kannst, inwieweit sie mit der offiziellen Agenda übereinstimmen.) Auch ein sauberes Schriftbild und ein professionelles Design sind Anhaltspunkte dafür, dass es sich um eine seriöse Quelle handelt (nur Anhaltspunkte, wohlgemerkt – es finden sich zahllose propagandistische und manipulative Plattformen, die durch und durch professionell gestaltet sind).

Wenn du die obigen Punkte beachtest, solltest du auf der sicheren Seite sein. Trotzdem möchte ich dich noch auf ein paar Eigenschaften der menschlichen Psyche hinweisen, die dir einen Strich durch die Rechnung machen können.

Der *Bestätigungsfehler* beschreibt den Umstand, dass wir solchen Informationen, die unseren Überzeugungen entsprechen, eher vertrauen. Wenn zehn Quellen A sagen, aber wir wollen B, dann glauben wir der elften Quelle, die B sagt. Wenn die erste Quelle bereits B sagt, suchen wir vielleicht gar nicht weiter.

Aufgrund der *Negativitätsverzerrung* gewichten wir bedrohliche Nachrichten stärker als positive. Evolutionär betrachtet ist es sinnvoll, wenn ein knurrendes Raubtier uns schneller auffällt als ein singender Vogel. Im digitalen Zeitalter führt das zu dem Effekt, dass wir negative Nachrichten eher verfolgen, weshalb Medien dazu verleitet sind, primär negative Nachrichten zu veröffentlichen. Wir sehen die Dinge dunkler, als sie sind.

Die *Überlebendenverzerrung* ist besonders perfide: Wir sehen nur, was sich durchsetzt. Wir glauben, in den Achtzigern waren die Filme besser, weil wir nur die erfolgreichsten kennen. Wir halten Pharmafirmen für rücksichtslose Konzerne, weil wir nur die teuren Preise erfolgreicher Medikamente wahrnehmen, nicht die immensen Kosten bei der Entwicklung. Wie gesagt, niemand von uns kennt die reine Wahrheit. Wenn wir uns das bewusst machen, kommen wir ihr ein gutes Stück näher.

Manche Seiten mögen nicht besonders seriös wirken, können aber trotzdem einen wichtigen Impuls zum Weiterrecherchieren geben. Einen vergleichsweise schlechten Ruf hat zum Beispiel die Wikipedia – dabei ermöglicht sie nicht nur einen raschen Überblick zu vielen Themen, sondern bildet auch einen guten Ausgangspunkt für eine tiefer gehende Recherche, da die Artikel in der Regel mit zahlreichen Quellen versehen sind.

Zum Abschluss dieses Kapitels möchte ich noch kurz auf die zweite Kategorie von Suchanfragen eingehen: Du brauchst keine wasserdichten Beweise für die Richtigkeit einer Behauptung, sondern suchst bloß nach Details, um deine Geschichte runder werden zu lassen. Hier empfehlen sich private Online-Rezensionen – egal, ob es um das Brandenburger Tor, ein sizilianisches Restaurant oder eine Kinderzahnärztin geht. Die Rezensenten beschreiben nicht das Naheliegende, das in jedem Reiseführer oder Werbeblättchen steht; sie beschreiben das, was ihnen aufgefallen ist. Vorm Brandenburger Tor wird man beim Trichtersaufen gestört, das Restaurant riecht nach faulem Fisch, die Zahnärztin hört Techno. Diese Infos brauchen nicht der Wahrheit zu entsprechen, es reicht, wenn sie plausibel klingen. Und wenn sie dann noch zu dem Vibe deiner Geschichte passen, hast du gewonnen.

5 ECHTER CHARAKTER: FIGUREN LEBENDIG WERDEN LASSEN

Viele Autor:innen sind überzeugt, dass die Güte einer Erzählung weniger von der Handlung abhängt als von den Figuren. Die spannendste Handlung verliert meine Aufmerksamkeit, wenn mir die Figuren egal sind, die sie erleben. Aber wenn die Figuren mich fesseln, lässt selbst die gewöhnlichste Handlung mein Herz schneller schlagen. Ein gutes Beispiel hierfür sind viele Krimireihen, in denen schillernde Charaktere ermitteln. Wer genau aus welchen Gründen wen umgebracht hat, wird zweitrangig, wenn es der Hauptkommissarin selbst beim Blumengießen gelingt, uns zu entzücken oder zu entsetzen.

Aber was ist das Geheimnis einer faszinierenden Figur?

Natürlich können wir einfach ChatGPT fragen:

Ich möchte einen Fantasy-Liebesroman über die Tochter eines Magierkönigs schreiben, die sich in einen Rebellen verliebt, über diesen von der Schreckensherrschaft ihres Vaters erfährt und sich schließlich gegen ihn stellt. Beschreibe den Charakter der Hauptfigur Leandra.

Wir können uns mehrere Ergebnisse ausgeben lassen, wir können auch eine bestimmte Richtung wünschen.

Leandra soll leidenschaftlich / naiv / fröhlich / mitfühlend sein.

Vielleicht siehst du deine Figur schon vor dir. Doch wirkliche Tiefe erlangt sie am sichersten, wenn du dir die sieben wichtigsten Aspekte vergegenwärtigst, die einer Figur Charakter verleihen.

Interessante Figuren sind:

- ungewöhnlich
- sympathisch
- stark
- schwach
- lernfähig
- aktiv
- kohärent

Was für dein Thema gilt, gilt auch für deine Hauptfigur: Sie sollte erstens *ungewöhnlich* sein. Schon evolutionär sind wir auf das Abseitige, das Überraschende geprägt. In der Wildnis sichert es das Überleben, wenn uns der Strudel im Fluss, die verfärbte Stelle in der Frucht, das Knurren im Gestrüpp auffällt.

Und heute gaffen wir bei Autounfällen, lauschen bei Streitereien in der U-Bahn, entdecken den Fingernagel im Obstkorb.

Das ist kein Plädoyer dafür, dass deine Hauptfigur den Charme eines Autounfalls besitzen soll – aber sieh zu, dass etwas an ihr besonders ist, etwas, worüber dein Publikum mehr erfahren will. Dabei muss sie nicht gleich Wonder Woman sein oder untot. Oft ist es sogar besser, die Figur insgesamt nicht allzu grell zu zeichnen, damit die entscheidende außergewöhnliche Eigenschaft umso deutlicher hervortreten kann. Deine Figur kann auf drei Ebenen außergewöhnlich sein: Die *körperliche* Ebene beschreibt alle Äußerlichkeiten, aber auch somatische Krankheiten und magische Kräfte. Die *psychische* Ebene umfasst den Charakter und das Gefühlsleben. Seelische Wunden fallen ebenfalls in diese Kategorie. Die *spirituelle* oder *moralische* Ebene betrifft das Weltbild der Figur, ihre Werte und ihre Überzeugungen.

Neben diesen drei Aspekten findet sich noch eine soziale Dimension. Alter, Geschlecht, Ethnie, Kultur, finanzielle Ressourcen, Kompetenzen, sozialer Status etc. können allesamt bedeutsam werden – allerdings entscheidet bei der sozialen Dimension immer der Zusammenhang, ob eine bestimmte Eigenschaft Relevanz erhält. In einer Mädchenschule wird ein Mann eher für Überraschung sorgen als in einem Fußballstadion.

Wenn ChatGPT dir also keine Ergebnisse liefert, die du für passend erachtest, dann kannst du deine Prompts präziser formulieren, indem du dir im Vorfeld überlegst, auf welcher Ebene deine Hauptfigur ungewöhnlich ist. Beziehe bei deinen Überlegungen mit ein, ob bestimmte Charakteristika deiner Hauptfigur die Geschichte spannender machen oder verkomplizieren.

Wenn Leandra behütet im Palast groß geworden ist, können wir sie nicht über Nacht zur begnadeten Fährtensucherin machen, ohne unglaubwürdig zu wirken. Wenn sie keine magische Kraft besitzt, wird sie nie Feuerbälle werfen (oder wir müssen uns einen entsprechenden Twist überlegen). Warum fehlt ihr die magische Kraft ihres Vaters? Besitzt sie vielleicht gerade deshalb eine andere nützliche Eigenschaft – zum Beispiel, dass sie mit magischen Mitteln weniger leicht aufgespürt werden kann? Hat sie irgendeine Art von Ausbildung genossen, die für die Handlung relevant werden kann?

[Falls der Chatverlauf nicht genügend Kontext bietet, beschreibe ihn hier in zwei oder drei Sätzen.] Leandra ist behütet im Palast aufgewachsen. Ihre Mutter ist früh gestorben, der Vater herrscht über das Land und hat selten Zeit für sie gehabt. Sie hat nie Armut oder unberührte Natur erlebt. Sie sehnt sich nach Abenteuern und nach Menschen, die ihr nicht nur mit schmeichlerischer Unterwürfigkeit begegnen. Erstelle Leandras Charakterprofil.

Du merkst: Indem ChatGPT uns zu durchdachten Prompts drängt, finden wir manche Antworten bereits in der Formulierung unserer Fragen.

Falls die Ergebnisse uns nicht überzeugen, können wir es auch über einen Umweg versuchen:

Welchen Tätigkeiten geht Leandra in ihrem Alltag nach? Was kann sie gut, worin lässt sie sich ausbilden?

Leandra hat eine Vorliebe für alte Pergamentrollen, sie ist ein Bücherwurm. Das erzeugt auf jeden Fall Konflikte, wenn sie sich später durch die Wildnis schlagen muss.

Beschreibe fünf dramatische Situationen, in die sie trotz ihrer behüteten Umwelt geraten kann.

Unter anderem schlägt ChatGPT mir vor, dass Leandras Vater Daroban fast einem Attentäter zum Opfer fällt. Perfekt. Das erklärt, warum Daroban dermaßen kaltherzig ist, dass er sogar seine eigene Tochter opfern will.

Ein weiterer Vorschlag: Leandra entdeckt ein dunkles Geheimnis, das ihren Vater in neuem Licht erscheinen lässt. Das passt gut zu ihrem Faible für halb vergessene, staubige Schriften. Aber welches Geheimnis? Wie wäre es, wenn die magische Kraft Darobans schwächer wird, und er um seine Autorität fürchtet, sollte sich zeigen, dass er nicht der mächtige Magier ist, für den ihn alle halten?

> Wenn Leandra zur Schriftgelehrten ausgebildet werden würde, ließe sich diese Ausbildung der sozialen Dimension zuordnen. Wenn sie sich deshalb selten sportlich betätigt und schnell aus der Puste kommt, betrifft das die körperliche Dimension. Und die psychische Dimension finden wir womöglich darin, dass Leandra rasch überfordert ist, wenn Dinge weniger logisch ablaufen, als sie es aus ihren Büchern kennt. Du siehst, die Eigenschaften des menschlichen Wesens in verschiedene Kategorien zu stecken, kann in der Theorie hilfreich sein, in der Praxis kommt man schnell an Grenzen.

Quasi nebenbei haben wir die Backstory unserer Hauptfigur gefunden. Dazu findest du noch einen Abschnitt am Ende des Kapitels.

Zurück zu unserer Liste. Unsere Prinzessin hat eine ungewöhnliche Vergangenheit und eine ungewöhnliche Begabung. Als Nächstes wollen wir sie *sympathisch* machen. Auch der Antagonist kann als Hauptfigur gezählt werden, doch die zentrale Person deiner Geschichte ist diejenige, auf deren Sieg dein Publikum hinfiebern sollte. (Jeder andere Ansatz ist ein experimentelles Abenteuer, das durchaus Spaß machen kann – allerdings ist es weniger wahrscheinlich, dass du damit ein großes Publikum erreichst.)

Wie erzeugen wir also Sympathie für unsere Hauptfigur? Indem wir uns mit ihr identifizieren bzw. indem sich unser Publikum mit ihr identifiziert. Das wiederum gelingt uns, indem wir sie für unser Publikum so nahbar wie möglich zeichnen.

> Tatsächlich unterscheiden viele Autorinnen und Autoren zu wenig zwischen sich selbst und ihrem Publikum, wenn es darum geht, eine Figur sympathisch zu zeigen. Indem sie diejenigen sind, die die Figur erschaffen, fühlen sie sich ihr natürlicherweise nahe und tendieren dazu, sie zu sehr strahlen zu lassen. Sicherlich lässt sich argumentieren, dass allem kreativen Schaffen eine gewisse narzisstische Energie zu eigen ist – doch sich selbst im eigenen literarischen Werk überhöht darzustellen, hat sogar einen eigenen Namen bekommen: Eine entsprechende Figur wird als Mary Sue bezeichnet.

Nahbarkeit gelingt am einfachsten, indem meine Figur meinem Publikum so ähnlich ist wie möglich. Das kann auf jeder der oben beschriebenen Ebenen möglich sein. Kinder identifizieren sich mit Kindern, Reiche mit Reichen und Handballprofis mit Handballprofis. Wir finden Menschen sympathischer, wenn sie unsere Sprache sprechen, wenn sie unsere Musik hören, wenn sie unseren Namen tragen. **Keine Figur ist uns sympathischer als diejenige, die unsere Werte teilt.**

Halt, wirst du jetzt rufen, wie passt das zusammen – meine Figur soll ungewöhnlich sein und gleichzeitig normal?!

Genau.

Die Mischung macht's. Harry Potter ist ein mächtiger Magierprinz, aber gleichzeitig auch ein kleiner Junge, der sich einsam fühlt und Stress mit seinen (Stief-)Eltern hat. Das Beispiel lehrt uns noch etwas anderes: **Eine Figur muss gar nicht so sein wie wir – es reicht, wenn sie so ist, wie wir gerne wären.**

So kommen wir zu unserem dritten Punkt auf der Liste: Die Hauptfigur braucht *Stärken*. Sie ist nicht nur ungewöhnlich, sie ist auch auf bestimmte Weise überlegen. **Sie ist wie wir, nur stärker.** Dies gilt auch für den Antagonisten, sogar in noch höherem Maße. Der Unterschied zur Protagonistin besteht darin, dass Letztere ihre Stärken gemäß unserem Wertemodell einsetzt, der Antagonist hingegen nicht.

Wir wollen Geschichten lesen, die uns inspirieren. Wir wollen über Figuren lesen, die zäher sind als wir, mutiger sind als wir, die über sich hinauswachsen. Figuren, die uns das Gefühl geben, unser Leben ist nicht so fremdbestimmt, wie wir denken. Deswegen ist die Identifikation mit der Hauptfigur so wichtig. Die Figur kündigt stellvertretend den Job, den ich seit Jahren nur noch mit Abscheu bewältige. Sie beendet stellvertretend die Beziehung, in die ich mich heillos verstrickt habe. Sie stellt sich den brutalen Aliens entgegen, während ich selbst nicht mal den Hooligans im Bus Paroli biete.

[Kontext.] Beschreibe fünf mögliche positive Eigenschaften Leandras.

Tatsächlich noch wichtiger als die Stärken sind die *Schwächen*, die meine Hauptfigur aufweist. Warum? Weil Menschen fehlerhaft sind. Wir wollen die Hauptfigur zwar bewundern, aber sie soll trotzdem menschlich wirken. Sonst werden wir uns nur schwerlich mit ihr identifizieren. Superman kann alles. Nur, wenn es um die Gunst des Publikums geht, ist Batman überlegen. Batman hat seine Eltern verloren, hat Angst vor Fledermäusen, ist selbstgerecht, einsam, ungeduldig, mit einem Wort: menschlich.

[Kontext.] Beschreibe fünf mögliche negative Eigenschaften Leandras.

Mein Antagonist wiederum kommt mit weit weniger Schwächen aus. Je überlegener er meiner Protagonistin ist, je aussichtsloser deren Lage, desto spannender wird der Konflikt, desto mehr fiebern wir mit. Desto erleichterter sind wir, wenn die Protagonistin gegen alle Erwartung doch noch gewinnt. Allerdings darf der Sieg nicht dem Zufall geschuldet sein; ein Deus ex Machina ist so befriedigend, wie beim Boxen zu gewinnen, weil der Gegner wegen Nichterscheinen disqualifiziert wurde. Es gibt eine zentrale Schwäche, die jeder Antagonist haben sollte: die moralische. Sein Wertemodell stimmt nicht überein mit dem der Protagonistin, also unserem. Und dieser Umstand ist es, dessentwegen wir ihn ins Verderben stürzen sehen wollen. Unsere Protagonistin gewinnt nicht durch offenkundige Überlegenheit, sondern durch Mut, List, Mitgefühl, freundschaftliche Hilfe etc.

Auch psychische Schwächen werden oft mit dem Antagonisten verbunden. Aber Eitelkeit, Selbstsucht, Arroganz, mangelndes Mitgefühl können genauso gut der Protagonistin zu eigen sein. Der entscheidende Unterschied zwischen einer psychischen und einer moralischen Schwäche liegt darin, dass wir unser Weltbild weit mehr als unsere Psyche für selbstbestimmt halten. Wir entscheiden uns nicht dafür, neidisch oder jähzornig zu sein, trotzdem gehen wir gemeinhin davon aus, dass wir einen freien Willen haben. Für meine Gefühle kann ich nichts, für mein Weltbild schon. Deswegen wiegt geplanter Mord schlimmer als Mord im Affekt. Wenn eine Figur Unrecht tut, nachdem sie Unrecht erfahren hat, sind wir nicht nur nachsichtig, oft sympathisieren wir sogar mit ihr. Gerade das Rache-Motiv fasziniert uns. Entscheidend ist, dass das Ausmaß des Racheakts verhältnismäßig bleibt, am

Ende muss die Figur ihren Frieden finden. (Dass in der TV-Serie *Game of Thrones* Daenerys Targaryen aus Rache für den Mord an ihrer Vertrauten Missandei die Hauptstadt der Königslande, Königsmund, in Schutt und Asche legt, hat in seiner Unverhältnismäßigkeit viele Fans vor den Kopf gestoßen.)

Fünfter Punkt auf unserer Liste: Unsere Protagonistin ist *lernfähig.* Sie mag charakterliche Schwächen besitzen, aber im Laufe der Handlung ist sie bereit zu lernen. Sie wächst über sich hinaus. Starke Geschichten sind oft diejenigen, in denen der Antagonist dadurch zugrunde geht, dass er die eigene Unfähigkeit zur Veränderung auf seine Gegenspieler überträgt. Alternativ kann es sein, dass er seine Weltsicht fälschlicherweise für die überlegene hält. Vielleicht erkennt er seinen Fehler noch, aber dann ist es gewöhnlich zu spät. Erlösung und Tod fallen zusammen (ein paar Beispiele bieten Inspektor Javert aus den *Elenden*, Darth Vader aus *Star Wars*, Killmonger aus *Black Panther* und Boromir aus dem *Herrn der Ringe*).

Das heißt nicht, dass es immer einen klassischen Bösewicht braucht. Es gibt zahlreiche Möglichkeiten, spannende Geschichten zu erzeugen, ohne dass sich am Ende zwei grimme Krieger gegenseitig die Köpfe einschlagen. Dazu erfährst du mehr in Kapitel 6.

Um deine Hauptfigur wirklich zur Heldin deiner Geschichte zu machen, achte darauf, dass sie sechstens *aktiv* ist. Sie treibt die Handlung voran, mehr als alle anderen. Wenn andere Figuren das Ruder an sich reißen, dann achte darauf, dass sie es nicht zu lange tun – oder verschiebe den Fokus, wähle eine neue Hauptfigur. **Ein Held steht nicht bloß in der Mitte des Geschehens. Ein Held entscheidet, was geschieht.** Dabei beschränkt sich der Begriff *Held* nicht auf den Ritter, der den Drachen erschlägt. Ein Held zu sein bedeutet nichts anderes, als im entscheidenden Moment das zu tun, was er oder sie für richtig hält – ungeachtet der Konsequenzen für das eigene Wohl. Je größer die Gefahr, desto eher können wir verstehen, wenn sich jemand wegduckt. Aber desto mehr bewundern wir auch diejenigen, die sich eben nicht wegducken, die sich der Gefahr entgegenstellen.

Während wir in unseren Jobs leiden, bis die Chefin uns rauswirft, wird ein Held von sich aus kündigen.

Ein Held steht auf in der U-Bahn und bittet die Hooligans, die anderen Fahrgäste nicht länger zu belästigen.

Das zweite Beispiel ist viel stärker, weil der Held hier nicht für sich selbst kämpft. Den Job zu kündigen, ist zwar auch eine mutige Tat, aber in letzter Konsequenz geht es nur um das eigene Leben, das gerettet werden soll.

Nicht jede Handlung der Heldin muss von Erfolg gekrönt sein, aber jeder Misserfolg sollte sie – genau – lernen lassen. Schlimmer als Misserfolge ist es zweifelsohne, wenn die Heldin passiv bleibt. Als Beispiel kann hier Rey dienen, die im siebten Teil der Star-Wars-Reihe eingeführt wird. Eigentlich sollte sie die Hauptfigur der Abrams-Trilogie sein (dass sie im letzten Film den Endkampf gegen Kylo Ren ausfechten darf, ist ein Indiz), aber im gesamten ersten Film beschränken sich ihre Handlungen darauf, irgendwie zu überleben – was ihr im Übrigen nur gelingt, weil sie ein paar toughe Männer an ihrer Seite hat.

Vorhin habe ich behauptet, keine Figur ist uns sympathischer als diejenige, die unsere Werte teilt. Doch es braucht eine Einschränkung: Sie sollte sich für diese Werte auch einsetzen. Ansonsten ist sie kein Vorbild, sondern nur ein Spiegel, in dem wir unsere eigenen Unzulänglichkeiten sehen. Und daraus wird eine ziemlich deprimierende Geschichte.

Damit deine Figur aktiv wird, sollte sie ein Ziel haben. Dieses Ziel muss nicht dem Thema der Handlung entsprechen, aber es muss mit der Handlung zusammenhängen. Bisher haben wir Leandra bloß aus dem Palast verbannt, weil sie keine magischen Fähigkeiten besitzt. Aber sie ist ein Bücherwurm. Also lassen wir sie doch selbst herausfinden, dass sie nicht zaubern kann. Einerseits tut sich dann eine neue Frage auf: Warum spürt man in unserer Fantasy-Welt nicht einfach, ob man magisch begabt ist oder nicht? (Vielleicht ist das Zaubern ein streng regulierter Prozess, der von Artefakten oder Sternenkonstellationen abhängig ist …) Andererseits haben wir ein gewaltiges Plus: Leandra ist keine Puppe mehr: Sie ist zur Heldin unserer Geschichte geworden.

Leandras Ziel besteht natürlich nicht darin, um ihr Leben fürchten und fliehen zu müssen. Eher bietet sich an, dass sie sich ihrem Vater gegenüber, der so selten Zeit für sie hat, beweisen will. Deswegen will sie eine mächtige Magierin werden – und scheitert phänomenal. Schon haben wir der Handlung einen weiteren Schwung Pfeffer verpasst.

[Kontext.] Beschreibe fünf mögliche Ziele Leandras, die über die beschriebene Handlung hinausgehen.

Dieser Prompt dürfte eher positive Ergebnisse liefern. Nicht schlimm, aber vielleicht geht es noch spannender.

[Kontext.] Beschreibe fünf mögliche Ziele Leandras, die ein glückliches Ende der Liebesgeschichte erschweren.

Wenn die Ergebnisse zu naheliegen, kannst du auch allgemeiner fragen. Das ist keine Abkürzung zu originelleren Antworten, aber in der Kombination der Ergebnisse verbirgt sich manchmal Potenzial.

Beschreibe fünf mögliche Ziele einer verstoßenen Prinzessin, die sich einer Rebellengruppe angeschlossen hat. Die Geschichte spielt in einer Fantasy-Welt, in der Magie früher extrem mächtig war, aber inzwischen nur noch von einer kleinen Elite beherrscht wird.

Oder du pickst einen Aspekt deiner Geschichte heraus und setzt sie in den Fokus.

Die Tochter eines Magierkönigs wird von diesem zum Tode verurteilt. Ihr Bruder, der Hauptmann der Palastwache, verhilft ihr zur Flucht. Nenne fünf Möglichkeiten, wie diese Flucht gelingt. Die Geschichte spielt in einer Fantasy-Welt, in der Magie früher mächtig war, inzwischen aber im Alltag keine Rolle mehr spielt.

Neben der Motivation, derer meine Hauptfigur sich bewusst ist (Was will ich?), gibt es noch eine tiefere, derer sie erst im Laufe der Handlung gewahr wird (Was brauche ich?). Erstere hat oft mit profanen Bedürfnissen zu tun (Sicherheit, Anerkennung, Reichtum, Macht), Letztere mit moralischen / spirituellen Sehnsüchten (Buße, Vergebung, Versöhnung, Erlösung). Oft lassen sich die beiden Motivationen nicht vereinbaren. Während zu Anfang der Geschichte das profane Bedürfnis im Vordergrund steht, rückt das spirituelle immer mehr in den Fokus. Regelmäßig enden Geschichten damit, dass eine Hauptfigur ihre ursprüngliche Motivation aufgibt, um erlöst zu werden, sprich: ihre spirituelle Integrität wiederherzustellen. Je höher der Preis, den sie (freiwillig) zahlt, umso vollkommener die Katharsis. Deswegen erleben wir solche Szenen so häufig beim Tod von Bösewichten; wir können sie so finster zeichnen, dass der Schritt ins Licht besonders eindrucksvoll ist. Einen Protagonisten müssen wir von Anfang an heller zeichnen, sonst wird sich das Publikum nicht mit ihm identifizieren.

> Du kannst deinen Protagonisten eine komplette moralische Wandlung durchlaufen lassen. Aber wenn er zu Beginn der Handlung unausstehlich ist, verlierst du dein wichtigstes Werkzeug, dein Publikum zu fesseln. Ein Beispiel, das trotzdem die Spannung hält, findest du im Film *Und täglich grüßt das Murmeltier.* Bill Murray ist in einer Zeitschleife gefangen. Dieses Setting ist spannend genug, dass wir weiterschauen, auch wenn es uns anfangs schwerfällt, die Hauptfigur sympathisch zu finden.

So wichtig es ist, dass unsere Hauptfigur die Handlung vorantreibt, so wichtig ist es, dass sie siebtens *kohärent* vorgeht. Damit ist gemeint, dass sich keine logischen Widersprüche auftun. Wenn deine Hauptfigur Angst vor Haien hat, geht sie nicht einfach ins Meer. Das heißt nicht, dass sie nicht ins Meer gehen darf, im Gegenteil: Bring sie genau dorthin – und dann mach deutlich, wie schlimm es für sie ist.

Auf den ersten Blick kann es einschüchternd sein, auf die Kohärenz deiner Figuren achten zu müssen. Doch je besser du deine Figuren kennst (vor allem ihre Ziele, ihre Schwächen, ihre Bedürfnisse), desto leichter wird es dir fallen. Und der Gewinn ist enorm: Packende Szenen entstehen, wenn Figuren, die wir lieb gewonnen haben, ins Verderben laufen, weil es ihrem Naturell entspricht. Wir flehen, dass sie diesen Fehler nicht machen, aber wir wissen, dass unser Flehen umsonst ist. Wir halten den Atem an, wenn Frodo im Schicksalsberg den Einen Ring aufzieht. Umgekehrt ist es fatal, wenn ein Charakter überraschend handelt, aber die Handlung unserem bisherigen Wissen zu diesem Charakter zuwiderläuft. Stichwort Daenerys Targaryen, die Königsmund in Schutt und Asche legt.

Der einfachste Weg, Inkohärenzen zu vermeiden, besteht darin, dass du dich mit den oben genannten Aspekten deiner Hauptfigur auseinandersetzt.

Was macht sie besonders?

Was macht sie sympathisch?

Welche Stärken hat sie, welche Schwächen?

Wo liegt ihr Entwicklungspotenzial?
Was will sie?
Was braucht sie?
[Kontext.] Lege ein Charakterprofil Leandras an, in dem du ihre Stärken und Schwächen, ihr Entwicklungspotenzial, ihre Sehnsüchte und Ängste beschreibst.

Nach wie vor gilt, dass meine Prompts nur als Beispiele dienen sollen, lege den Schwerpunkt, worauf immer du möchtest. Experimentiere.

> Was deine Nebenfiguren betrifft, kannst du deutlich weniger Aufwand betreiben. Je weniger relevant sie für die Handlung sind, desto holzschnittartiger dürfen sie sein. Manchmal bietet es sich sogar an, Nebenfiguren bewusst oberflächlich zu inszenieren, um den Kontrast zu deiner mehrschichtigen Hauptfigur zu erhöhen.

DIE GEISTER DER VERGANGENHEIT: BACKSTORY

Viele Schreibratgeber legen Wert auf eine ausgeklügelte *Backstory* der Hauptfigur. Während ich soeben vor allem *Was*-Fragen gestellt habe, liefert die Backstory den kausalen Zusammenhang – sie beantwortet das *Warum*. Warum hat deine Protagonistin ihre Eigenheiten, ihre Stärken und Schwächen, warum verfolgt sie bestimmte Ziele? Warum kann sie nicht aus ihrer Haut?

Wenn ChatGPT dir bei der Backstory helfen soll, sind die *Was*-Fragen dein Schlüssel zu sinnvollen Ergebnissen.

[Kontext.] Leandra ist fröhlich, aber auch naiv. Am liebsten vergräbt sie sich in alten Schriftrollen. Ihre Mutter ist bei der Geburt gestorben, der Vater hat kaum Zeit für sie. Entwickle eine Backstory zu ihr.

Auch wenn du mehrmals das Ergebnis aktualisierst, wirst du vermutlich nicht die perfekte Geschichte vor dir sehen. Inzwischen solltest du aber ein Gefühl dafür haben, welche Elemente Potenzial besitzen, weitergesponnen zu werden. Für Leandra hat ChatGPT vorgeschlagen, dass ihre Mutter eine allseits beliebte Königin war. Vielleicht ist der Vater Leandra bewusst aus dem Weg gegangen, weil sie ihn zu sehr an seine verstorbene Frau erinnert hat.

Ohne großen Aufwand habe ich den Konflikt zwischen meiner Protagonistin und meinem Antagonisten um einen interessanten Aspekt bereichert.
Wie viel Zeit du in die Entwicklung der Backstorys investieren willst, musst du für dich selbst herausfinden. Manchen hilft es, ihre Figuren schon umfassend zu kennen, bevor sie die erste Zeile ihres Manuskripts schreiben. Andere fühlen sich von zu viel Planung im Vorfeld eher eingeengt und lassen sich lieber überraschen. Wichtig ist nur, dass du die Handlungen deiner Figuren ausreichend motivierst. Wenn eine Figur anders handelt, als es die Leserin erwartet, und du keine Erklärung dafür bietest, dann steigen Leserinnen auch schon mal aus der Geschichte aus. Dann wird das über Seiten mühevoll von dir geknüpfte Band zwischen dem Erzählten und der Leserin von jetzt auf gleich zerschnitten.

6 DENKWÜRDIGE SZENEN ENTWICKELN: REIN IN DEN KONFLIKT

Ob die biblische Verbannung aus dem Paradies oder Bellas Liebe zu einem unsterblichen Vampir in der Twilight-Saga – jede Geschichte behandelt einen Konflikt. Es gibt literarische Texte, die sich darauf beschränken, einen Sachverhalt zu beschreiben, doch selbst hier brauchen wir einen Konflikt – und sei es nur zwischen dem, was wir erwarten, und dem, was wir bekommen.

> Hier verbirgt sich das Paradox des Erzählens: Wir erwarten, dass wir überrascht werden, mit anderen Worten: Wir erwarten, dass unsere Erwartungen enttäuscht werden. Das gilt natürlich nicht für alle Erwartungen: In der Liebeskomödie finden sich die Liebenden am Ende, im Drama nicht. Aber selbst in der seichtesten Genre-Literatur muss mit unseren Erwartungen gespielt werden – sei es auf inhaltlicher, sei es auf stilistischer Ebene –, oder wir legen das Buch unbefriedigt zur Seite.

Konflikte beschreiben genau das: Zwei oder mehr Ziele, Konzepte, Phänomene treffen aufeinander. Diese Ziele, Konzepte,

Phänomene sind oder scheinen unvereinbar. Daraus ergibt sich die Spannung fürs Publikum: Welches Ziel setzt sich durch? Gibt es einen Kompromiss? Wie gestaltet sich der Prozess?

Das A und O einer jeden großen Szene findet sich in einem spannenden Konflikt.

Was macht einen Konflikt spannend?

- Es geht um etwas, das mir bzw. dem Publikum wichtig ist.
- Zu Beginn des Konflikts ist nicht klar, wie er ausgeht.
- Die Motivation der beteiligten Figuren ist erkennbar und nachvollziehbar.
- Eine der Parteien ist sympathischer als die andere(n).
- Die sympathischere Partei ist auf physischer und/oder sozialer Ebene unterlegen, die andere(n) auf moralischer.

Der erste Punkt betrifft die globale Aussage, die der Konflikt behandelt. Im Grunde gibt es zwei zentrale Fragen, die wir stellen können:

Ist das Gute stärker als das Böse?

Hat das Leben einen Sinn?

Alle anderen Fragen lassen sich diesen beiden unterordnen. Das heißt nicht, dass jede Konfliktlösung eine dieser beiden Grundfragen beantworten muss. Aber je existenzieller die

Fragen sind, die in einem Konflikt diskutiert werden, desto packender wird die Szene für dein Publikum. Da deine Kernaussage am Ende deiner Geschichte stehen sollte, bietet es sich an, die Konflikte von Szene zu Szene eskalieren zu lassen.

Stell dir eine Geschichte als eine Aneinanderreihung von Szenen vor; jede Szene lässt sich unterteilen in eine problematische Ausgangssituation, einen sich daraus ergebenden Konflikt und eine Lösung. Nur in der allerletzten Szene sollte diese Lösung endgültig sein. In allen anderen Szenen ist die Lösung mangelhaft, und aus diesen Mängeln ergibt sich das Ausgangsproblem für die nächste Szene. Das haben wir bereits beim Kapitel *Plot* gesehen - Ereignisse werden nicht einfach aneinandergereiht, sondern folgen einem kausalen Zwang. (Das hieße für unsere Geschichte beziehungsweise für Leandra: Super, ich bin gerade dem Todesurteil meines eigenen Vaters entkommen, aber jetzt muss ich mich in einer fremden, lebensfeindlichen Welt zurechtfinden. Ich stoße auf hilfsbereite Menschen, die sich allerdings als Rebellenhaufen entpuppen, die mich als Agentin des Feindes betrachten. Ich finde einen Verbündeten, aber dummerweise ist der mit der Anführerin liiert, und die besitzt einen recht eifersüchtigen Charakter. Etc. etc.)

> Es ist nicht nötig, dass jede Szene den Konflikt der vorherigen weiterentwickelt. Am offensichtlichsten ist das in Geschichten mit verschiedenen Handlungssträngen. Aber auch monoperspektivische Erzählungen können verschiedene Konfliktstränge spinnen. In beiden Fällen ist wichtig, dass die Einzelkonflikte der Hauptaussage entsprechen, ihr im besten Fall zusätzliches Gewicht verleihen. Zum Beispiel könnte Leandra in einer Szene von Jaros Rebellenhaufen für ihre weltfremde Art verspottet werden, während sie in einer anderen Jaro verlassen will, um ihn zu schützen. Die vordergründigen Konflikte sind verschieden, aber in beiden Fällen wird das Thema bespielt, ob Menschen mit unterschiedlichem sozialen Status trotzdem zusammenfinden können.

Abgesehen davon, dass sie die Handlung vorantreiben, können mangelhafte Lösungen der Geschichte auf verschiedene Weise dienen: Sie bieten meiner Hauptfigur die Möglichkeit, zu lernen und sich zu entwickeln; sie machen die Hauptfigur menschlicher und dadurch nahbarer; sie erhöhen den Einsatz, um den es geht.

Wenn eine sympathische Hauptfigur, die unsere Werte teilt, sich im Kampf um diese Werte immer tiefer in den Sumpf hineinreitet, fiebern wir umso heftiger mit – und sind am Ende umso erleichterter, wenn sie doch noch gewinnt. (Genauso sind wir entsetzt, wenn sie am Ende tatsächlich scheitert, nach all der Mühsal, die sie auf sich genommen hat.)

Während der generelle Konflikt meiner exemplarischen Story bereits in der Aussage angelegt ist, die ich treffen will, soll es im Folgenden um einzelne Szenen gehen.

Wir haben seit Kapitel 3 schon eine Plotstruktur, quasi ein Grundgerüst, an dem wir unsere Szenen- bzw. Konfliktkette aufhängen können. Je genauer du deine Szenenkette im Kopf hast, desto einfacher wird es dir fallen, passende Prompts zu schreiben. Ich versuche es mal hiermit:

[Kontext.] Nachdem Leandra den Häschern ihres Vaters fürs Erste entkommen ist, könnte sie in fünf verschiedene Konflikte geraten. Welche?

Ob wir Vorschläge weiterverfolgen, sollten wir auch davon abhängig machen, ob sie zu der Szenenkette passen, die wir uns bisher überlegt haben. Natürlich können wir diese Kette jederzeit anpassen, aber wir sollten uns klar darüber werden, wie sich das auf unseren Plot und letztendlich auf unsere Kernaussage auswirken mag.

ChatGPT schlägt vor, dass die Bevölkerung Leandra feindselig aufnimmt. Warum? Vielleicht kann Leandra ihre Erziehung nicht verbergen, weswegen sie für eine in Ungnade gefallene Hofdame gehalten wird. Das ist nicht so weit weg von der Wahrheit, hat aber Potenzial, Leandra leiden zu lassen, ohne dass sie gleich verraten wird.

[Kontext.] Leandra gelangt in ein abgelegenes Dorf, in dem sie für eine in Ungnade gefallene Hofdame gehalten wird. Nenne fünf Möglichkeiten, wie sich der Konflikt entwickelt.

Meine Hauptfigur kann sowohl Rückschläge erleiden als auch unerwartete Erfolge – bei Letzteren ist allerdings wichtig, dass diese auf einer Fehleinschätzung beruhen oder nur temporär sind. Den größten und eigentlichen Erfolg (oder Misserfolg) sollte sie erst in der finalen Szene erzielen.

Im Übrigen kannst du dieselben essenziellen Fragen in verschiedenen Szenen derselben Geschichte unterschiedlich beantworten. Je willkürlicher das allerdings geschieht, desto weniger stark wird deine endgültige Aussage. SS-Offizier Hans Landa in *Inglourious Basterds* stattdessen scheint bis zur finalen Szene immer überlegen (das Böse ist stärker als das Gute), und je länger wir ihm zusehen, desto dringlicher wollen wir ihn scheitern sehen. Darauf gründet die Genugtuung, die wir spüren, wenn er am Ende doch noch zu Fall kommt.

Wenn du verschiedene Handlungsstränge hast, bietet es sich an, dass sie Variationen deines Themas durchspielen – am Ende jedoch sollten alle Konzepte scheitern oder zumindest mangelhaft erscheinen, die nicht deiner Kernaussage entsprechen. In der ersten *Spider Man*-Verfilmung erfährt Peter Parker, dass mit großer Macht große Verantwortung kommt. Seine privaten Bedürfnisse müssen hintanstehen, weswegen er sich gegen die Beziehung mit Mary Jane entscheidet.

Dass Konflikte motiviert sein sollten, klingt wie eine Binse, und je genauer du dich mit deinen Hauptfiguren beschäftigt hast, desto einfacher wird es dir fallen. Trotzdem gibt es einige Fallstricke, über die auch eine erfahrene Autorin stolpern kann. Der gefährlichste ist sicherlich, dass der Plot eine bestimmte Richtung erfordert und eine Figur in diese Richtung gedrängt wird. Die Produzenten von *Game of Thrones* wollen, dass Posterboy Jon Snow seine Tante und Königin Daenerys umbringt. Aber die ist eigentlich eine nette. Deshalb muss sie eine ganze Stadt in Schutt und Asche legen – und das Problem ist vordergründig gelöst. Tatsächlich aber halten viele Fans ihre Handlung für unglaubwürdig; sie distanzieren sich nicht von ihr, sondern von der Show. Dass Jon sie umbringt, ist kein befriedigender Twist, sondern – die Höchststrafe für die Storywriter – egal.

Eine weitere Herausforderung besteht darin, dass wir im Wunsch, unser Publikum zu überraschen, dazu verleitet sind, unsere Figuren unvorhersehbare Handlungen ausführen zu lassen. Gerade im Krimi ist es eine Kunst, Figuren so zu zeichnen, dass wir uns *im Nachhinein* an die Stirn schlagen, warum wir einen Twist nicht haben kommen sehen, *obwohl* es genügend Indizien gegeben hätte.

Manchmal opfern wir auch die Kohärenz unserer Figur, weil wir glauben, den Konflikt dadurch intensivieren zu können. Das Gegenteil ist der Fall. Eine Couch-Kartoffel, die gegen Elitesoldaten besteht, oder ein schüchterner Jugendlicher, der einer erfahrenen Anwältin schlagfertig Paroli bietet, macht die Figur nicht bewundernswert, sondern unterminiert sie. Indem du einen solchen Konflikt vielmehr schnell und einseitig zu Ende bringst, eröffnet sich dir die Gelegenheit, einen Lernprozess zu zeigen, der beispielsweise in einer Wiederholung der Auseinandersetzung gipfelt – nur, dass deine Hauptfigur sich inzwischen zu einem ebenbürtigen Gegner entwickelt hat. Während bei Protagonisten das Problem also in der Regel darin besteht, dass sie widersprüchlich handeln, zeigt sich bei Antagonisten ein anderes Problem: Sie sind zu wenig motiviert. Macht, Rache, Reichtum, fertig. Dem liegt das Missverständnis zugrunde, dass Antagonisten nur den möglichst finsteren Hintergrund liefern müssen, vor dem die Heldin strahlen kann. Doch viel schauerlicher als Saurons Auge ist Hans Landa. Bei Letzterem ist das Böse greifbar, was die Figur ungleich gruseliger werden lässt. Nicht nur, weil wir sie uns als Teil unserer Lebenswirklichkeit vorstellen können, sondern weil wir ahnen, dass auch in uns selbst die Verführung zum Bösen schlummert. Beim *Herrn der Ringe* hoffen wir, dass das Gute gewinnt – aber *Inglourious Basterds* erzeugt das Verlangen, dass Hans Landa verliert. Unser Weltbild steht zur Debatte. Eine ungleich mächtigere Dramatik.

Je nachvollziehbarer die bösen Handlungen einer Figur sind, desto mehr sehnen wir uns nach einer Heldin, die uns einen Gegenentwurf bietet.

Vielleicht Ist dir die krasse Trennung zwischen Heldin und Bösewicht zu stark. Es gibt natürlich auch die Möglichkeit, weniger klare Grenzen zu ziehen. Das typische Beispiel dafür sind innere Konflikte, die komplett ohne externen Gegenspieler auskommen. Deswegen existiert neben dem Begriff des Antagonisten auch der von der antagonistischen Kraft. Hierunter fällt alles, was mich daran hindert, mein Ziel zu erreichen, meine Bestimmung zu finden, meinen Frieden zu machen, meine moralische Integrität herzustellen. Merke: Wenn deiner Geschichte die antagonistische Kraft fehlt, hast du keine Geschichte. Deine Heldin hat ein Bedürfnis, also erfüllt sie es ... hm. Erst in der Art der Widerstände, auf die deine Heldin stößt, um ihr Bedürfnis zu erfüllen, triffst du eine Aussage.

Der große Vorteil an ChatGPT ist, dass es kaum Zeit kostet, beliebige Konzepte zu erstellen, im aktuellen Fall Charakterprofile. Über den Vater wissen wir schon viel – wer könnte Leandra weitere Steine in den Weg legen?

[Kontext.] Beschreibe fünf mögliche Gegenspieler bzw. Gegenspielerinnen Leandras.

Der nächste Schritt ist klar: Ich fokussiere mich auf einen vielversprechenden Vorschlag.

Erstelle das Charakterprofil der Rebellenanführerin. Nenne fünf Konflikte, die Leandra mit der Rebellenanführerin austragen könnte.

Auch wenn es sich empfiehlt, dass die Hauptfigur generell die Sympathieträgerin ist, muss das nicht für alle Szenen gelten; hin und wieder dürfen andere Figuren sympathischer sein, oder beide Parteien erzeugen ähnlich viel oder wenig Sympathie. Wenn deine Kernaussage beispielsweise darin besteht, dass Menschen von Grund auf schlecht sind, hast du vielleicht überhaupt keine sympathischen Figuren in deiner Story. Entscheidend ist, dass du weißt, welche deiner Figuren gerade Sympathieträgerin sein soll und warum.

Das ist besonders relevant für meinen fünften Punkt: Die sympathischere Partei ist auf physischer und/oder sozialer

Ebene unterlegen, die andere(n) auf moralischer. Das liegt nicht nur daran, dass ein Sieg aus aussichtsloser Lage besonders befriedigend ist. Wir sehen uns als die Helden unserer eigenen Geschichte: Wir treten für Gerechtigkeit ein (wobei wir in der Praxis vor allem uns selbst als ungerecht behandelt betrachten), wir kämpfen für das Gute, wir sympathisieren mit den Schwachen. Dieser Kampf wird erst dadurch heldenhaft, dass unsere Gegner übermächtig sind.

Darüber hinaus ist es generell aufregender, für Veränderung zu kämpfen als für den Status quo. Wer für Veränderung kämpft, positioniert sich, macht sich angreifbar, tritt ein für seine Überzeugungen. Wer den Status quo erhalten will, tut das eventuell bloß, weil er sich darin eingerichtet hat. Eine Frau, die Karriere in einem Dax-Vorstand macht, ist sympathischer als ein Mann, der sie ausbremsen will. Die Frau geht einen steinigen Weg mit ungewissem Ende, der Mann will bloß seine Privilegien behalten.

DU HAST DEN SENF VERGESSEN: GRÜNDE FÜR KONFLIKTE

Bisher lag der Fokus darauf, wie sich Konflikte darstellen lassen. Im Folgenden soll es darum gehen, warum es überhaupt Konflikte gibt.

Vier Arten von Konflikten ragen heraus:

1. Wir wollen dasselbe, aber es nicht teilen.

Das Highlander-Prinzip: Es kann nur einen geben. Gilt genauso für Sport- und konventionelle Liebesstoffe. In manchen Fällen sind Kompromisse abwegig (die verfeindeten Mafia-Familien teilen sich den Stadtteil auf), in anderen Fällen vollkommen ausgeschlossen (etwa im Kampf um das Amt der Regierungschefin).

2. Wir wollen dasselbe, aber mit unterschiedlichen Mitteln.

Eine sehr spannende Ausgangslage: Die Ziele des Antagonisten sind nachvollziehbar, sogar überzeugend – doch der Weg dorthin wird immer blutiger, und das Publikum steht moralisch unter Druck, sich zu entscheiden, wie lange es mitgehen will. Beispiele aus Hollywood sind Killmonger (der Gegenspieler von Black Panther im gleichnamigen Film) und Ozymandias (der Antiheld in Zack Snyders *Watchmen*).

3. Wir wollen dasselbe, aber aus unterschiedlichen Gründen.

Diesem Schema folgen viele Charakterdramen. Es ist nicht klar, welche Figur moralisch überlegen ist; die Spannung ergibt sich daraus, dass die Motivation zur Debatte steht, nicht das Ergebnis. Genau genommen verbergen sich hinter dem offensichtlichen, vermeintlich identischen Ziel andere, die weit voneinander abweichen können. Eine Partnerin will heiraten, um sich aus der Abhängigkeit von ihren Eltern zu befreien, die andere, weil sie die Sicherheit einer festen Bindung erhofft. Der eine wird Arzt, weil er helfen will, der andere, weil er Anerkennung sucht. Auch innere Konflikte folgen oft diesem Prinzip. Die Unterschiede können rein philosophischer Natur sein: Wir wollen den Mörder unserer Familie finden – treibt uns der Wunsch nach Rache an oder der nach Gerechtigkeit?

4. Wir verfolgen Ziele, die sich wechselseitig ausschließen. Dahinter verbirgt sich mehr als eine Variante des ersten Falls. Wir wollen nicht etwa beide Präsident werden, sondern ich will, dass du es nicht wirst. Batman will ein Gotham City, in dem Recht und Gesetz gelten, der Joker will, dass Chaos herrscht. Die Leukämiepatientin will überleben, der Krebs will, dass sie stirbt.

Je bewusster du dir machst, welche Konflikte deine Erzählung bzw. die einzelnen Szenen dominieren, desto leichter wird es dir fallen, Passagen zu vermeiden, die widersprüchlich wirken, im Sande verlaufen oder langatmig sind. Auch hierzu liefert Zack Snyder ein Beispiel, diesmal allerdings ein negatives: Aquaman sucht über weite Teile des gleichnamigen Films einen magischen Dreizack, sein Widersacher Orm führt Krieg gegen die Oberwelt. Die beiden haben also unterschiedliche Ziele – aber da sich diese Ziele nicht gegenseitig ausschließen, plätschert die Handlung ohne dringlichen Konflikt vor sich hin.

ChatGPT kann dir für jegliche Ausgangssituation eine Vielzahl an Konflikten liefern. Doch du bist es, die entscheiden muss, welcher Konflikt a) deinen Figuren entspricht und b) die Handlung deiner Kernaussage entgegentreibt.

> Noch mehr als die vorherigen Kapitel ist dieses hier mit klaren Ansagen gespickt. Ich habe eine schematische Darstellung gewählt, damit die Muster, die sich bewährt haben, leicht zu erkennen sind. Das heißt nicht, dass diese Muster bedingungslos gelten. Alle Regeln in diesem Buch sollen dir einen Halt geben, wenn du strauchelst – aber lass dich nicht von ihnen fesseln, falls es dich in eine andere Richtung zieht.

7 WORLDBUILDING: EINE WELT ZUM LEBEN ERWECKEN

Wenn du Fantasy schreibst, hast du dich bestimmt schon mit Worldbuilding auseinandergesetzt. Aber der Begriff beschränkt sich nicht auf ein einziges Genre. Worldbuilding umfasst den gesamten kreativen Prozess, der nicht primär deiner Handlung dient, sondern der Erschaffung der Welt, in der diese Handlung spielt.

> Bevor du jetzt gleich zum nächsten Kapitel springst, weil deine Erzählung in der Gegenwart deiner Heimatstadt spielt und du keinen Sinn darin siehst, dich mit der Erschaffung von fremden Welten zu beschäftigen, beachte: Jede literarische Welt wird von ihrer Autorin erschaffen, selbst wenn es sich um die Repräsentation einer bereits vorhandenen handelt. Auch deine Heimatstadt kannst du in deiner Erzählung nicht eins zu eins abbilden, vielmehr musst du entscheiden, welche Aspekte du abbilden willst. Dabei sind deine Möglichkeiten zur Abbildung auf deine eigene Perspektive beschränkt. Jeder Ort lässt sich nur als eine Sammlung von Erfahrungen vergegenwärtigen und ist dementsprechend nicht objektiv beschreibbar.

Es finden sich zwei Kategorien, in die sich alle Elemente einer Welt einteilen lassen: Kultur und Natur.
Kultur basiert auf den Konzepten interagierender Menschen oder anderer denkender Wesen. Natur dagegen basiert auf vom menschlichen Geist unabhängigen immerwährenden physikalischen Gesetzen.

Kulturelle Elemente einer Welt beinhalten beispielsweise:

- Sprache
- Religion
- Politik
- Kunst
- Geschichte
- Wissenschaft
- Rituale

Natürliche Elemente einer Welt beinhalten:

- Kosmologie
- Geologie
- Klima und Wetter
- Flora und Fauna
- Evolution
- Naturgesetze und Magie

Du brauchst keine Sorge zu haben, dass eine gute Geschichte alle diese Elemente aufgreifen müsste. Es gibt ein ganz praktisches Hindernis: Du kämst nie zum Schreiben, wenn du dir deine Welt erst in allen Details ausmalst.

> Vielleicht ist das Erschaffen von Welten deine eigentliche Leidenschaft. Dann tu dir keinen Zwang an, bastle so viel du willst. J. R. R. Tolkien hat sein Leben lang an Mittelerde gebaut. Nur falls dein eigentliches Ziel ist, eine Geschichte zu schreiben, solltest du sichergehen, dass exzessives Worldbuilding dir nicht als Vorwand zur Prokrastination dient.

Überlege dir stattdessen, welche Aspekte der Welt für deine Geschichte relevant sind, und konzentriere dich auf jene. Je nachdem, wie maßgeblich die Welt für deine Handlung ist, musst du dich unterschiedlich gut in ihr auskennen. Ein quasihistorischer Roman zum Kathedralenbau erfordert weit mehr Hintergrundwissen und Konzeptarbeit als eine zeitgenössische Erzählung, die deiner Lebenswirklichkeit entspricht. Das liegt nicht etwa nur daran, dass du deine eigene Welt viel besser kennst, sondern auch daran, dass dein Publikum das tut. Im ersten Beispiel hilft es dir natürlich, wenn du Architekturgeschichte mit Schwerpunkt Sakralbauten studiert hast; aber wie du dein Wissen so aufbereitest, dass dein Publikum weder unter- noch überfordert ist, erfordert eine gewisse Freude an Wirklichkeitskonstruktion – mit anderen Worten: Worldbuilding.

Wenn deine Erzählung in unserer Welt spielt, ist der Übergang zur Recherche fließend. Lassen wir Leandra noch einmal ins mittelalterliche Venedig zurückkehren.

Beschreibe den Alltag einer jungen Adligen im mittelalterlichen Venedig.

Warum ist dieser Prompt so allgemein formuliert und nicht konkreter? Der Unterschied liegt darin, dass du nicht primär auf der Suche nach Plotpoints bist, sondern ein Gefühl für die Welt entwickeln willst. Details über die Welt in deine Geschichte einzustreuen, macht diese nicht nur greifbarer. Indem du die Welt kennst, vermeidest du Widersprüche, und deine Story wird plausibler.

Um die Welt kennenzulernen, helfen allgemeine Fragen wie die obige. Um spannende Details zu erfahren, musst du möglichst konkrete Prompts formulieren. Damit das nicht in eine Recherche ausartet, bei der du vom Hundertsten ins Tausendste gerätst, überlege dir im Vorfeld, welche Szene welches Detail braucht.

Wenn es zur Beschreibung von Sexualität, Gewalt oder ähnlichen Inhalten kommt, wird ChatGPT sich gewöhnlich weigern, zu sehr ins Detail zu gehen. Hier gibt es einen kleinen Kniff: Füge deinem Prompt hinzu, dass es sich um einen literarischen Text handeln soll.

Natürlich können wir uns in der Beschreibung unserer Fantasy-Welt auch an irdischen Begebenheiten orientieren. Vielleicht ähnelt Darobans Palast demjenigen eines venezianischen Dogen.

Beschreibe den Ablauf eines Festmahls, das ein Doge im mittelalterlichen Venedig veranstaltet.

Das Schöne bei einem Fantasy-Roman ist, dass ich nicht überprüfen muss, was ChatGPT alles erzählt. Ich suche nur nach Inspiration, nicht nach Fakten.

Welche interessanten Charaktere könnten bei dem Festmahl zugegen sein?

Es kommen einige coole Vorschläge. Ehe ich mich versehe, befinde ich mich in der Plotplanung. Denn eine coole Figur will ich natürlich in die Handlung einbauen. Dabei habe ich doch bloß ein Detail gesucht, um meine Welt greifbarer zu machen. Vielleicht eher so:

Welche Speisen könnten serviert werden?

> ChatGPT merkt sich den Verlauf deiner Suchanfragen. Deswegen bietet es sich an, für verschiedene Themen verschiedene Chaträume zu öffnen; zum Beispiel einen für Backstory und Charakter der Hauptfiguren, einen für den Plot und einen für die Welt.

Es kommen einige Treffer, die klingen, wie aus einer beliebigen italienischen Speisekarte kopiert.

Kannst du noch ungewöhnlichere Gerichte nennen?

Jetzt wird es interessanter. Mit Tintenfischtinte gefärbter Reiskuchen? Wer's mag. In Zwiebelsud geschmorte Leber? Das klingt doch nach dem Geschmack eines Magierkönigs. Sanguinaccio – ein Dessert aus Milch, Zucker und Schweineblut. Wirklich? Eine kurze Online-Suche verrät mir, dass das Rezept inzwischen verboten ist. Vielleicht besser so.

Wenn deine Geschichte tatsächlich in Venedig spielen soll, greift zwar nach wie vor die Regel aus dem Recherchekapitel: Je zentraler ein Element für die Handlung, desto wichtiger ist, dass es sachlich richtig ist. Aber auch Details, die nur am Rande erwähnt werden und nicht per se eine historische Entsprechung benötigen, sollten plausibel sein. Wenn ChatGPT nicht von sich aus gesteht, eine Darstellung erfunden zu haben, lohnt sich eine schnelle Online-Suche.

Du kannst ChatGPT zu allen möglichen Details befragen.
Beschreibe den Grundriss des Dogenpalastes im mittelalterlichen Venedig.
Beschreibe, wie der Doge sich, seine Familie und seinen Palast hat bewachen lassen.
Beschreibe die Kleidung eines Dogen im mittelalterlichen Venedig.
Je konkreter du in deiner Frage wirst, desto hilfreicher sind die Antworten.
Ich möchte eine Geschichte über eine junge Adlige des mittelalterlichen Venedig schreiben. Die Adlige besitzt einen Glücksbringer. Nenne fünf Möglichkeiten, um was es sich handeln könnte.
Falls du eine bestimmte Atmosphäre einfangen möchtest, gib ChatGPT möglichst genaue Anweisungen dazu.
[Kontext.] Leandra hat in den Katakomben des Palastes eine geheime Bücherei gefunden. Mit einer einzigen Laterne ausgerüstet, erkundet sie die Bücherei, die schon seit vielen Jahren nicht mehr betreten worden zu sein scheint. Auf den Büchern liegt Staub, manche Pergamente sind bereits halb zerfallen. Beschreibe, was Leandra fühlt und mit allen Sinnen wahrnimmt. Erzeuge eine beklemmende Atmosphäre.

ABFAHRT VON GLEIS NEUNDREIVIERTEL: FANTASTISCHE WELTEN

Bisher haben wir uns an der irdischen Vorlage Venedigs orientiert. Doch wie sieht es aus, wenn wir eine ganz neue Welt erschaffen wollen?

Einerseits haben wir es leichter: Denn alles, was wir beschreiben, ist automatisch wahr. Wir können keine sachlichen Fehler machen.

Die Kehrseite ist: Wir können uns nur begrenzt an vorhandenem Wissen orientieren, um logische Fehler zu vermeiden. Ob etwas plausibel ist, entscheidet nicht mehr die Nähe zu tatsächlich erfahrbaren Gegenständen oder Zusammenhängen, sondern die Nähe zu denjenigen Gegenständen und Zusammenhängen, die du bisher in deiner Erzählung aufgeführt hast. Du musst keinerlei fremden Regeln folgen. Was im Umkehrschluss bedeutet: Ohne dich gibt es keine Regeln, alle Regeln kommen von dir.

Das klingt einschüchternder, als es ist. Etwas sehr Ähnliches machst du nämlich bereits – wenn du Charaktere entwickelst. Diese Figuren haben im Normalfall keine Entsprechung in unserer Welt; du bestimmst all ihre Eigenschaften, ihre Gefühle, ihre Ziele und ihr Handeln. Trotzdem bist du nicht auf dich alleine gestellt, denn natürlich kannst du

zurückgreifen auf die Erfahrungen, die du mit realen Menschen gemacht hast.
Und wenn du eine eigene Welt baust, dann stehen dir alle Aspekte der unsrigen als Inspiration zur Verfügung.

> Es ist kein Zufall, dass viele Fantasy-Welten von westlichen Autoren wirken wie das westeuropäische Mittelalter plus Magie. Dass dabei Drachen eine große Rolle spielen, ist kein Zufall, denn siehe da: Drachen sind ein gängiger mythologischer Stoff des westeuropäischen Mittelalters.

Je fantastischer – also ferner von unserer – deine Welt werden soll, desto aufwändiger wird logischerweise ihre Erschaffung. Konzentriere dich auf die Kernelemente deiner Aussage und überlege, welche Aspekte der Welt jene Elemente am besten unterstreichen.
Eine Klimadystopie? Lebensfeindliche Landschaften und tödliche Wetterumschwünge könnten im Mittelpunkt stehen.
Eine technikbasierte Unsterblichkeitsvision? Vielleicht fokussierst du dich auf Wissenschaft und Religion.
Ein Kriegsepos? Machtstrukturen, Militär.
Eine Magierschule? Magieformen, magische Bedrohungen.
Die anderen Elemente deiner Welt sind nicht vernachlässigbar; doch manchmal genügt es, sie erst dann auszugestalten,

wenn sie für deine Handlung relevant werden. Deine Magierschule wird am Ende des Buches von einem Dämonenheer angegriffen? Spätestens jetzt solltest du dir überlegen, wie die Schlacht verlaufen könnte (Strategien, Taktiken, Befehlsketten etc.). Es kann sein, dass du plötzlich einen Dämonenfeldherrn vor dir siehst, der gut als (weiterer) Antagonist taugt – und den du nun nachträglich in deine bisherige Geschichte einbauen musst. Aber das bedeutet weniger Aufwand, als sich schon vor dem Schreiben mit allen möglichen Eventualitäten auseinanderzusetzen.

Schauen wir uns an, in welcher Welt Leandra zu Hause ist.

Nenne fünf Beispiele, wie eine Fantasy-Welt beschaffen sein könnte, in der Magie früher extrem mächtig war, aber inzwischen nur noch von einer kleinen Elite beherrscht wird. Beziehe soziale, physikalische und kosmologische Überlegungen in deine Antwort ein.

Mir gefällt die Idee eines Multiversums, Leandras Welt ist nur eine von vielen. Aber vielleicht sind die einzelnen Welten miteinander verbunden.

In meinem Fantasy-Roman gibt es zahlreiche Welten, die durch magische Portale miteinander verbunden sind. Welche Auswirkungen könnte dies auf die Menschen haben, die dort leben?

Unter anderem schlägt Chat-GPT eine elitäre Kaste vor, die die Portale bewacht. Finde ich gut. Und kurzerhand mache ich aus meinem Magierkönig den obersten Portalwächter.

[Kontext.] Wie funktionieren die Portale?

Es kommen einige Vorschläge, die ich direkt in meinen Plot einbauen möchte – für mein Worldbuilding allerdings finde ich die Idee hilfreich, dass es riesige Kraftwerke braucht, um die Portale zu betreiben. »Kraftwerk« klingt mir allerdings zu technisch, ich schreibe lieber über magiedurchdrungene Portaltürme.

Aber ich möchte an der Idee festhalten, dass die Magie an Kraft verliert. Warum überhaupt? Vielleicht gab es einmal eine einzige Welt, die aufgrund des Kampfes zweier Erzmagierinnen zersplittert ist, und die einzelnen Splitter treiben seit Äonen auseinander. Je weiter sie sich voneinander entfernen, desto schwächer wird das magische Band zwischen ihnen.

[Kontext.] Wer hat die Portaltürme gebaut?

Ich entscheide mich dafür, dass die Portaltürme direkt nach der Zersplitterung der Welt gebaut wurden, als die magische Verbindung zwischen den Splittern noch stark war. Vielleicht sind die Mitglieder der Portalgilde ursprünglich alle magisch begabt gewesen, aber für die Bedienung der Türme ist das gar nicht wichtig. Und plötzlich habe ich ein neues zentrales Element für meine Story: Darobans innerster Kreis weiß, dass die Türme auch ohne die Portalgilde wirken würden. Es ist ein Wissen, das tunlichst geheim gehalten wird, genauso wie jenes, dass nur noch wenige Gildenmitglieder magisch begabt sind. Deswegen musste Daroban auch so hart gegen seine Tochter vorgehen: Sie ist die Erste, die der sorgfältig gesponnenen Erzählung, etwas Besonderes zu sein, keinen Glauben mehr schenkt – eine gefährliche Ungeheuerlichkeit.

[Kontext.] Wie ist die Portalgilde strukturiert, welche Stellung hat sie in der Gesellschaft? Wie sieht der Alltag derer aus, die die Portaltürme bewachen? Welche Probleme könnten auftreten?

So naheliegend die Antworten von ChatGPT sind, es finden sich doch immer eine oder zwei Ideen, die mir auf die Schnelle nicht in den Kopf gekommen sind. Beispielsweise lautet ein Vorschlag, dass die Wachmannschaften zur Arbeit gezwungen werden.

Passt eigentlich nicht zu meiner Vorstellung einer elitären Portalgilde, aber vielleicht gibt es einen Turm, den niemand besetzen will. Auf einem Splitter, der so lebensfeindlich ist, dass dort nur diejenigen zu finden sind, die nirgendwo sonst gelitten werden. Und natürlich die Wachen, die jedem, der auf einen anderen Splitter will, den Weg versperren. Der Splitter der Verdammten.

Genau auf diesem Splitter ist Leandra gelandet. Und alles nur, weil ChatGPT meinte, die Wachmannschaften mögen ihren Job nicht.

Aber Worldbuilding beeinflusst nicht nur den Plot. Du willst eine Welt erschaffen, die so echt wirkt, dass die Leserin ihre eigene vergisst. Das gelingt durch Details. Ich formuliere diesen Prompt:

[Kontext.] Beschreibe den Kleidungsstil der Wachmannschaften.

Das Ergebnis ist solide, aber ich will es ungewöhnlicher. Also muss ich genauere Angaben machen.

[Kontext.] Die Wachmannschaften betrachten sich als religiöse Bruderschaft. Beschreibe ihren Kleidungsstil und verbinde dabei Fantasy-Konzepte mit dem traditionellen Kleidungsstil venezianischer Gelehrter. Bedenke auch, dass Sicherheitsaspekte relevant sind.

Einen Teil der Beschreibung, die ich erhalte, finde ich gut, einen anderen nicht. Also wähle ich die Aspekte, mit denen ich etwas anfangen kann, und passe sie an, bis das Bild für mich stimmig wird.

Anstatt Prompts zu wählen, die einer Szene noch mehr Farbe geben, kannst du auch vom Plot ausgehend nach einem geeigneten Ort fragen.

In meinem Fantasy-Roman ist die Welt in viele Teile zersplittert, die getrennt voneinander durchs All treiben. Wie könnte der lebensfeindlichste Splitter gestaltet sein? Beziehe Flora, Fauna, Wetter, Landschaft und andere geografische Gegebenheiten in deine Vorschläge ein.

Du kannst fragen, wo eine Szene stattfinden soll.

[Kontext.] **In welchem Zusammenhang trifft Leandra zum ersten Mal auf den Rebellenkrieger Jaro?**

Du kannst fragen, wie sich die Beschaffenheit der Welt auf die Handlung niederschlägt. Hierfür lohnt es sich, deinen Prompt etwas genauer zu formulieren.

[Kontext.] **Der Splitter der Verdammten ist von aktiven Vulkanen geprägt, Erdbeben sind sehr häufig, alles ist von Asche bedeckt. Welcher persönliche Gegenstand könnte Leandra den Mut geben, trotz der ausweglosen, tristen Situation den Kampf gegen ihr Schicksal aufzunehmen?**

Solche Prompts führen regelmäßig zu Ergebnissen, die sich auf deinen Plot auswirken können. Das liegt in der Natur der Sache. Denn wenn ein bestimmter Aspekt der Welt für deine Handlung unwichtig ist, solltest du dir gut überlegen, ob du ihn trotzdem erwähnen willst.

In der Literaturgeschichte hat sich eine bestimmte Symbolik durchgesetzt, gemäß welcher Aspekte der Welt Aspekte der Handlung repräsentieren können. Ein Berggipfel kann geistige Klarheit und Überlegenheit bedeuten, aber auch Einsamkeit und Selbstsucht. Eine Stadt steht gemeinhin für zahllose Möglichkeiten und Freiheit, aber auch für Anonymität und soziale Vereinzelung.
Du musst diese Symbolik nicht beherzigen, aber sie kann dir helfen, ein passendes Setting für deine Szene zu finden. Natürlich kann Ausbeutung auch auf einem einsamen Berggipfel stattfinden, aber eine eindrücklichere Darstellung wird dir gelingen, wenn du viele Menschen in engen, niedrigen Räumen darstellst, bei geringem Licht, in einem künstlichen Umfeld (Minen, Fabriken, Schiffsbäuche).

> Selbstverständlich beuten Menschen andere Menschen auch in einem natürlichen Umfeld aus, aber wenn du ein solches Setting wählst, verschiebt sich der Schwerpunkt vom Konflikt Mensch gegen Mensch zum Konflikt Mensch gegen Natur. Dies geschieht umso deutlicher, je brutaler die Natur gezeichnet wird. Bei Schneestürmen, glühender Wüstenhitze, im tödlichen Dschungel treten soziale Unterschiede in den Hintergrund, der Kampf ums Überleben betrifft alle.

ChatGPT bietet dir einen schnellen Überblick:

Beschreibe die Symbolik der gängigsten literarischen Settings.

Vielleicht hast du bereits ein Setting im Kopf und möchtest die entsprechende Symbolik erfahren.

Beschreibe die Symbolik des literarischen Settings »Wüste«.

Falls du mit einer Szene unzufrieden bist, kann dir diese Übung helfen, um zu überprüfen, ob du ein ungeeignetes Setting gewählt hast.

Oder du brauchst für eine bestimmte Szene ein passendes Setting.

[Kontext.] **Leandra entkommt auf den Splitter der Verdammten. Dort trifft sie auf einen Banditenhaufen, der sie für eine Agentin der Portalgilde hält. Bevor die Banditen sie umbringen können, muss Leandra sie überzeugen, dass sie selbst in Ungnade gefallen ist. Welches Setting schlägst du vor? Beachte auch die literaturgeschichtliche Symbolik bestimmter Settings.**

Manche Settings sind so nachhaltig mit einer bestimmten Symbolik verknüpft, dass deine Szene zum Klischee geraten kann. Wenn du keine Hommage oder Persiflage schreiben willst, kann es sich lohnen, einen oder mehrere Aspekte des

Settings zu ändern. Dass der Splitter der Verdammten nur aus Vulkanen und Asche besteht, gewinnt sicherlich keinen Preis für Originalität.

Ich schreibe einen Fantasy-Roman, in dem die Ausgestoßenen der Gesellschaft in einer Landschaft leben, die nur aus Vulkanen und Aschewüsten besteht. Welche Aspekte des Settings lassen sich ändern, um ein originelleres Bild zu schaffen?

Die Asche muss nicht gleich rosa sein. Schon Kleinigkeiten können ein frisches Bild erzeugen, ohne das Setting insgesamt über den Haufen zu werfen.

Ob deine Welt von magischer Schönheit erfüllt ist oder in jedem ihrer Schatten eine dunkle Bedrohung lauert, ob du davon träumst, durch dein selbst entworfenes Paradies zu streifen, oder du mit lustvollem Grausen dem Bösen eine Heimat gibst – entscheidend ist nur, dass die Welt, die du geschaffen hast, dich nicht kalt lässt.

8 SCHREIBHEMMUNGEN ÜBERWINDEN: DAS DUNKLE TAL

Schreibblockaden. Keine andere Kunstform besitzt eine derart gepflegte, geradezu mystisch überhöhte Erzählung von der Angst vor dem Anfang wie das Schreiben. Ich glaube, das ist nicht verwunderlich: Denn nirgendwo ist der Anfang so wichtig wie hier. Wo ich auf der Leinwand die erste Farbe auftrage, mag aus handwerklichen Gründen relevant sein, aber für die Rezeption des fertigen Bildes ist es nicht weiter von Belang. Sobald die Kunst einen zeitlichen Ablauf besitzt (Musik, Tanz, Theater etc.), gibt es zwar einen Anfang – aber nirgendwo ist die Wirkung des Gezeigten so abhängig von der Chronologie der Darstellung wie beim literarischen Erzählen. Glücklicherweise gibt es eine Vielzahl an Möglichkeiten, die Angst vorm weißen Blatt zu überwinden.

Falls du die zentrale Frage aus Kapitel 1 – was ist mein Ziel? Warum schreibe ich? – noch nicht für dich beantwortet hast, solltest du das spätestens jetzt tun. Wenn du dir sicher bist, dass du prinzipiell Freude am Schreiben hast, folgt die nächste Frage: Gibt es externe Gründe, die dich vom Schreiben abhalten? Vielleicht hast du einen stressigen Alltag, finanzielle Sorgen, eine hellhörige Wohnung neben einer SUV-Teststrecke. Richte dir einen Schreibort und eine Schreibzeit ein.

Der Schreibort sollte möglichst frei von Ablenkungen und angemessen ausgestattet sein. Die Details sind dir überlassen. Die eine setzt sich am liebsten mit Tablet in ein überfülltes Café, der andere braucht einen ganzen Raum voller Pinnwände, die Dritte schreibt nur im Zug und hört Heavy Metal dabei.

Die Schreibzeit soll dir einen Rahmen bieten, dich aber nicht unter Druck setzen. Das gelingt dir am besten, wenn du dir keine minimale Schreibzeit vorgibst, sondern eine maximale: Jeden Donnerstagabend schreibst du von acht bis maximal zehn. Früher aufzuhören ist kein Problem, Hauptsache, du fängst überhaupt an. Routinen sind hilfreich, aber das heißt nicht, dass deine Schreibzeit immer in einem bestimmten Rhythmus stattfinden muss. Regelmäßigkeit ist wichtiger. Also lieber zu verschiedenen Zeiten zweimal pro Woche als immer am ersten Mittwoch im Monat. Dass etwas dazwischenkommt, ist völlig in Ordnung. Wichtig ist, den Termin nicht ausfallen zu lassen, sondern zu verschieben. Experimentiere auch mit verschiedenen Zeiten. Wenn es morgens nicht klappt, klappt es vielleicht abends und umgekehrt.

Generell solltest du dich davon lösen, die Anzahl der geschriebenen Wörter als einziges Kriterium für deine Produktivität zu betrachten. Während deiner Schreibzeit Figuren zu entwickeln, Zusammenhänge zu recherchieren oder deine Welt zu bauen, sind genauso legitime Tätigkeiten, wie auf der Couch zu liegen und Löcher in die Decke zu starren. **Solange du dich gedanklich mit deiner Geschichte auseinandersetzt, ist es nicht Prokrastination, sondern Inspiration.**

Wenn du motiviert bist, dich an deinem Schreibort wohlfühlst und außerdem herausgefunden hast, welche Schreibzeiten für dich funktionieren, können wir uns inhaltlichen Fragen widmen.

Es hakt in der Geschichte, aber wo? Das findest du mit einer sehr einfachen Frage raus: Magst du die Elemente deiner Story? Deine Kernaussage, deine Figuren, deinen Plot, deine Welt? Welches Element überzeugt dich am wenigsten? Hier kannst du ansetzen. Warum überzeugt dich das Element nicht?:

- Passt es nicht zu den anderen Elementen?
- Weist es innere Widersprüche auf?
- Ist es fad?

Für jede dieser Fragen finden sich geeignete Lösungsmöglichkeiten.

Sagen wir, während des Schreibens habe ich das Gefühl, meine Leandra gerät mir zu modern. Entweder ich nehme die Abkürzung über Venedig:

Beschreibe, wie sich die Menschen im mittelalterlichen Venedig in Bezug auf Weltsicht und Handlungsweisen von Menschen unserer Gegenwart unterscheiden könnten.
Ansonsten müssen wir deutlich mehr Kontext liefern, um interessante Ergebnisse zu erhalten.
In meinem Fantasy-Roman ist die Welt aufgrund einer Schlacht zwischen zwei Erzmagierinnen in viele Teile zersplittert, die getrennt voneinander durchs All treiben. Portaltürme ermöglichen das Reisen von einem Splitter zum anderen. Die mächtige Portalgilde beherrscht den Zugang zu den Portalen. Zwischen den Splittern herrscht reger Handel, jeder Splitter hat seine eigenen kulturellen und geografischen Besonderheiten. Wie könnten sich die dort lebenden Gesellschaften in Bezug auf Weltsicht und Handlungsweisen von Menschen unserer Gegenwart entscheiden?
Der Charakter Leandras weist den Widerspruch auf, einerseits neugierig zu sein und andererseits naiv. Du hast zwei Möglichkeiten, den Widerspruch zu glätten. Entweder thematisierst du ihn (Leandra konnte es nicht fassen. Jahrelang hatte sie jede Schriftrolle verschlungen, derer sie habhaft geworden war – und was wusste sie von der Welt? Nichts). Oder du schwächst ihn ab (hier reicht es oft, ein oder zwei kleine

Szene hinzuzufügen, die eine Entwicklung deutlich machen). Oder du fragst ChatGPT.

[Kontext.] Leandra ist ein sehr neugieriger Mensch und liest sehr viel. Trotzdem hat sie kaum praktisches Wissen über die Welt. Wie kann ich rechtfertigen, dass ihre Neugier auf ihre Bücher beschränkt bleibt?

Wenn uns Elemente fad vorkommen, müssen wir aus der Komfortzone raus. Vielleicht ist meine Hauptfigur so aufregend wie Toastbrot, dabei haben wir schon alle Punkte zur Charakterentwicklung beherzigt – dann geben wir ihr Bedürfnisse, deren Erfüllung sie nicht kontrollieren kann (Superman verliebt sich in Lois Lane; die Tochter des Königs in einen Rebellen). Darobans Palast kommt uns beliebig vor? Dann verlegen wir ihn an die Kante eines Canyons. Unser Plot schwächelt? Dann eskalieren wir die angelegten Konflikte. Oft reichen kleine Veränderungen. Finde den goldenen Mittelweg zwischen Klischee und Chiffre.

Welches Bedürfnis könnte einen Menschen aus der Bahn werfen, der eigentlich seine Gefühle im Griff hat und nicht von anderen Menschen abhängig ist?

Ich möchte einen Fantasy-Liebesroman schreiben. Schauplatz ist der Palast eines Magierkönigs. Wie kann ich den Ort spannender gestalten?

Ich habe eine Szene in einem Fantasy-Roman geschrieben, in der eine in Ungnade gefallene Adlige in einem abgelegenen Dorf Unterschlupf sucht. Die Dorfgemeinschaft hält die Adlige für eine Hochstaplerin. Wie könnte der Konflikt eskalieren?

Der Cursor blinkt nach wie vor ungeduldig auf einer deprimierend weißen Seite? Widmen wir uns dem nächsten möglichen Hindernis: deinem Schreibprozess.

Es gibt nicht den einen Ansatz, der automatisch zum Erfolg führt. Allerdings hilft es, sich mit dem eigenen Ansatz bewusst auseinanderzusetzen, statt einfach loszulegen. Denn wenn ich weiß, aus welchen Gründen ich tue, was ich tue, kann ich mich strukturiert um Lösungen kümmern, anstatt mich auf mein Bauchgefühl verlassen zu müssen.

Nur: Wie komme ich überhaupt zu einem strukturierten Schreibprozess?

Indem ich mir erstens klarmache, welche Elemente meiner Story ich als Startpunkt nehmen will (Aussage, Plot, Genre, Figuren, Welt etc.), um mein Konzept zu entwickeln. Und zweitens, indem ich mich bewusst entscheide, wie viel ich im Vorfeld planen will. Manche haben vor dem ersten Satz ihr ganzes Buch vor Augen, andere haben schon drei Viertel geschrieben und kennen ihr Ende noch nicht. Noch einmal:

Jeder Weg kann erfolgreich sein. Aber oft denken wir vorschnell, der Weg, den wir gehen, gehört zu uns. Vielleicht sind wir zufällig auf ihn geraten, anstatt ihn bewusst auszuwählen. Wenn du nicht weiterkommst, probiere einen anderen aus. Plane mehr oder weniger, verschiebe den Schwerpunkt deiner Aussage, betrachte Thema, Plot, Figuren aus einer anderen Perspektive. Schildere deine Geschichte jemandem, dem du vertraust. An der Stelle, an der du ins Stocken gerätst, liegt der Golden Retriever begraben.

Oft reicht die Erkenntnis, wo das Problem liegt, dass du eine Lösung findest. Aber natürlich kannst du auch hier ChatGPT fragen.

Entweder du beschreibst allgemein die Situation:

[Kontext.] Leandra wird von ihrem eigenen Vater zum Tode verurteilt. Mein Plot sieht vor, dass sie mithilfe ihres Bruders entkommt, aber ich weiß nicht, wie. Mach Vorschläge.

Oder du verbindest die Möglichkeiten von ChatGPT mit einer Schreibtechnik, die Écriture automatique (Automatisches Schreiben) genannt wird. Diese Technik sieht vor, dass du ein paar Minuten schreibst (stell dir einen Timer), ohne den Stift vom Blatt zu heben oder beim Tippen zu verharren. Es ist vollkommen egal, wie gut das Ergebnis zu verwerten ist –

Hauptsache, du beschäftigst dich für eine Weile mit deinem Thema, ohne dich zu zensieren.

Um diese Aufgabe auf ChatGPT zu übertragen, kopiere die letzte Seite, die du geschrieben hast, ins Chatfenster. Dein Prompt kann beispielsweise lauten:

[»Text.«] Dies ist eine Passage meiner Geschichte, in der es um Folgendes geht: [Kontext.] Schreibe die Passage um x Sätze fort und orientiere dich dabei am vorliegenden Stil.

Hier lohnt sich die Funktion des Rundpfeils besonders. Lass dir mehrere Ergebnisse anzeigen. Die Chancen stehen gut, dass eines von ihnen dir eine Tür öffnen kann, die du bisher übersehen hast.

9 VERVOLLKOMMNE DEINEN STIL: KATHEDRALEN DER SPRACHE ERRICHTEN

Du weißt, welche Aussage du treffen willst.
Du weißt, mit welcher Handlung du deine Aussage vermittelst.
Du weißt, welche Figuren deine Handlung vorantreiben.
Du weißt, in welcher Welt deine Figuren zu Hause sind.
Herzlichen Glückwunsch, du weißt genug.
Fang an zu schreiben.
Was?! Ein ganzes Buch übers Schreiben und erst jetzt gibt's grünes Licht?
Nein, du kannst natürlich anfangen, wann immer du möchtest. Aber beim literarischen Schreiben ist das Formulieren nicht entscheidend – entscheidend ist, welche Geschichte du erzählen willst. Und je besser du deine Geschichte kennst, desto einfacher wird dir die Erzählung fallen.

> Irgendwann kommt von selbst der Moment, an dem es genug der Vorbereitungen ist. Das merkst du daran, dass du nicht mehr mit Eifer und Neugier den Stammbaum deiner Hauptfigur erweiterst oder die Planetenkonstellationen deiner Welt berechnest, sondern mit schlechtem Gewissen.

> Spätestens jetzt solltest du den ersten Satz aufs Papier bringen. Nichts ist tödlicher für dein Projekt als ein schlechtes Gewissen. Tritt ihm mit allem Mut entgegen. Unangefochten wird es wachsen und wachsen, bis es dich erdrückt – und deine Geschichte ist zu Ende, bevor sie begonnen hat.

Wenn ich dem Formulieren eine untergeordnete Rolle zuweise, meine ich nicht, du sollst es vernachlässigen. Deine Formulierungen sind das Fernglas, mit dem dein Publikum deine Geschichte verfolgt. Je besser das Fernglas, desto einfacher wird es, Wichtiges von Unwichtigem zu unterscheiden. Je sorgfältiger geschliffen die Linse, desto brillanter wird das Bild.

> Wenn der Text einen hohen poetischen Anspruch hat, gewinnen deine Formulierungen an Relevanz – dies kann so weit reichen, dass Form und Inhalt gleichberechtigt nebeneinanderstehen. Viele lyrische Texte können hierfür als Beispiel dienen.

Wenn es nur um grammatische Korrektheit geht, kannst du dich in der Regel auf ChatGPT verlassen. Du kannst entweder das betroffene Textelement ins Chatfenster kopieren und ChatGPT um eine grammatische Überprüfung bitten.

Überprüfe bitte folgenden Text auf Grammatik und Rechtschreibung: [»Text.«]
Oder du fragst nach dem Lösungsvorschlag für ein konkretes Problem.
Soll ich die Präposition »wegen« eher mit Dativ oder mit Akkusativ schreiben?
Grammatische Regeln sind oft weniger eindeutig, als wir glauben. Um von ChatGPT einen möglichst geeigneten Vorschlag zu erhalten, können wir unsere Frage kontextualisieren.
Ich schreibe einen Roman. Eine Hauptfigur ist eine emeritierte Professorin, die sehr auf ihren sprachlichen Ausdruck achtet. Würde sie im Gespräch mit einem Kollegen die Präposition »wegen« eher mit Dativ oder mit Akkusativ verwenden?
Ihre Muttersprache ist Ungarisch. Deutsch hat sie erst im Erwachsenenalter gelernt. Wie könnte sich dies auf die Verwendung der Präposition »wegen« auswirken?
Allerdings befinden wir uns in ähnlichen Gefilden wie im Kapitel Recherche: ChatGPT kennt keine Fakten, nur Wahrscheinlichkeiten. Wenn du sichergehen willst, dass ein grammatisches Phänomen breite Konvention erfährt, solltest du weitere Quellen zurate ziehen.
Nun macht leider eine korrekte Grammatik noch keinen

guten Text. Was es braucht, ist Stil. Wenn Nachwuchsautorinnen den Rat erhalten, sie sollen ihre eigene Stimme finden, dann ist damit nichts anderes gemeint als: ihren eigenen Stil. Wenn aber der Stil originell sein soll, sich also nicht verallgemeinern lässt, ist dann nicht jeder Versuch einer Stilschule zum Scheitern verurteilt? Nicht zwangsläufig. Denn auf logischer Ebene lassen sich durchaus allgemeingültige Aussagen treffen. **Auf abstrakter Ebene zeigt sich guter Stil darin, dass er konsistent, angemessen, klar und dynamisch ist.**

Konsistenz bedeutet nichts anders, als dass du dir treu bleibst. Wenn du gewöhnlich eine formale, distanzierte Sprache bevorzugst, dann verzichte auch dort auf flapsige Formulierungen, wo sie dir den Text zu bereichern scheinen.

> Beachte, dass eine Geschichte aus verschiedenen Perspektiven erzählt werden kann. Jede Perspektive hat das Recht auf eine eigene Stimme. Eine distanzierte übergeordnete Erzählerin und eine flapsige Hauptfigur lassen sich also durchaus zwischen denselben Buchdeckeln unterbringen – verschiedene Figuren mit jeweils eigener Erzählperspektive sowieso.

Angemessen werden Formulierungen dann, wenn sie dem Kontext gerecht werden. Am einfachsten lässt sich das anhand von Dialogen erkennen: Eine Professorin verwendet ein anderes Vokabular und eine andere Grammatik als ein Jugendlicher. Aber auch im unpersönlichen Erzählen solltest du den Inhalt nicht nur auf semantischer (Bedeutungsebene), sondern auch auf grammatischer Ebene repräsentieren. Während tollkühner Verfolgungsjagden sind komplexe Satzstrukturen fehl am Platz. Beim Küssen unterm Wasserfall wird als beste Option für einen Zugewinn von Leselust vermutlich nicht die Verwendung sperrigen Bürokratendeutschs zu Buche schlagen.

Klar wird deine Sprache dadurch, dass du (ungewollte) Doppeldeutigkeiten vermeidest. Pronomen sind besonders berüchtigt für ihre Unverbindlichkeit. In der Phrase »Der Anführer des Banditenhaufens, der sich Leandra in den Weg gestellt hat, lacht freudlos« könnte sich das Relativpronomen »der« sowohl auf den Anführer als auch auf den Banditenhaufen beziehen. Oft helfen Umstellungen: »Der Anführer des Banditenhaufens stellt sich Leandra in den Weg. Er lacht freudlos.« Aber auch Flexionsformen können missverständlich sein: Im Satz »Einige vernarbte Kerle stellt Jaro als Wachen auf« halten wir die »vernarbten Kerle« anfangs für das Subjekt und müssen uns später korrigieren. Ein ähnliches Problem findet sich, wenn man zusammengesetzte Verben trennt: »Warum halte ich dich, nach allem, was du mir angetan hast, immer noch aus?« Das kann als Pointe wirksam sein, aber wenn es uns unabsichtlich geschieht, erschweren wir das Textverständnis.

> Es gibt eine Menge weiterer Möglichkeiten, grammatisch klar bzw. unklar zu formulieren. Alle Möglichkeiten aufzuzählen, würde den Rahmen dieses Buches sprengen. Falls du deine Kenntnisse vertiefen möchtest, findest du zahlreiche Stilratgeber, die sich ausgiebig mit diesem Punkt befassen.

Dynamisch zu schreiben heißt, abwechslungsreich zu schreiben. Wir nehmen Veränderung viel eher wahr als gleichbleibende Reize. Es bedeutet einen genetischen Vorteil, wenn wir aus dem Lärm des Dschungels ein plötzliches Knurren heraushören. Im Alltag nehmen wir den Boden unter unseren Füßen kaum wahr – doch wenn wir festen Boden erwarten und in etwas Weiches treten, richten wir alle Sinne auf die Veränderung. Zu Recht hat noch niemand Monotonie als ein erstrebenswertes Ziel der Kunst beschrieben. Du fesselst die Aufmerksamkeit deines Publikums, indem du es regelmäßig überraschst. Es kann nie absehen, was als Nächstes kommt. Die kürzeste Ablenkung genügt, etwas zu verpassen.

Beachte, dass die vier genannten Prinzipien konkurrieren. Manchmal muss ich das eine Prinzip für das andere opfern. Konsistenz und Klarheit sind einfacher sicherzustellen, wenn ich die Dynamik reduziere. Aber auch Konsistenz und Klarheit selbst können unvereinbar sein. Wenn ich zum Beispiel konsistent jeder Hauptfigur eine eigene Stimme gebe, dann ist bei einem Betrunkenen womöglich eine Sprache angemessen, die alles andere als klar ist. Im wissenschaftlichen Schreiben ist ein dynamischer Stil tendenziell unangemessen – aber womöglich meine beste Möglichkeit, eine spannungsarme Passage lesenswert zu gestalten.

So weit die Theorie. Während Konsistenz deiner eigenen Verantwortung unterliegt, finden sich für die drei übrigen Prinzipien Beispiele auf Wort-, Satz- und Textebene.

Der Einfachheit halber werde ich die folgenden Beispiele behandeln, als bezeugten sie absolute Wahrheiten. Das ist natürlich Unsinn. Es handelt sich um kein Regelkorsett, sondern eher um die Beschreibung einer bewährten Default-Variante. Eine andere Variante zu wählen, bietet sich manchmal schon allein aus Gründen der Dynamik an.

Wortebene:

1. Aktiv schlägt Passiv.

Angemessenheit: Die Heldin ist wichtiger als die Heldentat. In einer Erzählung geht es nicht darum, dass etwas getan wird, sondern warum es getan wird. Und für das Warum brauchen wir das Wer.

Klarheit: Wir sind Menschen. Und als Menschen sind wir gewohnt, uns im Mittelpunkt unserer jeweiligen Welt zu sehen. Wir denken vom Subjekt her – und das tun wir auch, wenn wir die Geschichte eines anderen verfolgen. »Leandra packt den Speer« entspricht unserem Denken viel mehr als »Der Speer wird von Leandra gepackt«. Entsprechend dem Kerle-Beispiel weiter oben würden wir den Speer im zweiten Satz zuerst als (handelndes) Subjekt deuten und müssten uns später korrigieren. (Für weitere Beispiele frag das Internet nach dem *Holzwegeffekt.*)

Dynamik: Wir verbinden mit einer handelnden Person mehr Bewegung als mit einem behandelten Objekt. Bewegung bedeutet Veränderung bedeutet Dynamik.

Untersuche den folgenden Text auf Passiv-Konstruktionen und wandle diese in Aktiv-Konstruktionen um, soweit die Umwandlung den Sinn nicht verfälscht: [»Text.«]

2. Indikativ schlägt Konjunktiv.

Angemessenheit: Dein Publikum erwartet von dir eine abso-

lute Aussage über die Welt, keine Hypothese. »Liebe macht blind« statt »Liebe kann zu Erblindung führen«.
Klarheit: Dinge, die sind, sind klarer einzuordnen als Dinge, die in der Möglichkeit verharren. Indikativische Wenn-dann-Aussagen sind deutlich stärker als konjunktivische. »Wenn du gehst, sterben wir alle« statt »Wenn du auf die Idee kämst zu gehen, würden wir alle sterben«.

> Formulierungen wie »Würdest du mir vielleicht die Butter geben?« sind bewusst unscharf gehalten, um die darin enthaltene Aufforderung weicher wirken zu lassen.

Dynamik: Veränderung ist alles. Über Veränderungen nachzudenken ist nichts. Also schaff Fakten.
3. Konkret schlägt abstrakt.
Angemessenheit: Die Kernaussage deiner Erzählung mag ein abstraktes Konzept betreffen – aber zum Beleg dieses Konzepts verwendest du eine konkrete, weltgebundene, beispielhafte Erzählung.
Klarheit: Während wir zu abstrakten Begriffen wie »Glück« oder »Verbindlichkeit« sehr unterschiedliche Vorstellungen haben können, sind unsere Vorstellungen von konkreten Begriffen wie »Säugling« oder »Buch« ähnlicher. Noch wichtiger

ist der Umstand, dass wir uns mit höherer Wahrscheinlichkeit überhaupt etwas vorstellen. »Dass der Magierkönig sie sehen wollte, verursachte ihr Bauchschmerzen« ist kein wahnsinnig originelles Bild, aber trotzdem wirksamer als »Dass der Magierkönig sie sehen wollte, war kein gutes Zeichen«.
Dynamik: Abstrakte Begriffe sind gewöhnlich nicht weltgebunden, sind also zeitlos, starr, unbeweglich. Alles Konkrete ist den Gesetzen der Zeit unterworfen und damit wandelbar.
Der folgende Text ist zu abstrakt: [»Text.«] Finde eine konkretere Formulierung. Verwende auch bildhafte Sprache, wenn sie dir angemessen erscheint.

4. Einfach schlägt präzise.

Angemessenheit: Da du keine wissenschaftliche Arbeit für ein Fachpublikum schreibst, musst du davon ausgehen, dass Exaktheit im Ausdruck den Lesegenuss eher abschwächt als stärkt. Du hast ein Thema gewählt, das dir liegt, hast dich über Monate und Jahre hinweg eingearbeitet – dein Publikum hat das nicht. Ein Fremdwort, das du als selbstverständlich voraussetzt, muss der breiteren Allgemeinheit noch lange nicht geläufig sein.
Klarheit: Ein Fachausdruck, der mir nicht geläufig ist, erleichtert mir das Verständnis nicht, sondern erschwert es.
Dynamik: Präzision hat keine Freude an Abweichungen, Ver-

änderungen, Überraschungen. Es ist kein Zufall, dass man genaues Arbeiten eher von der Finanzbuchhaltung fordert als von der Kunst.

Gib folgenden Text in einfacheren Worten wieder: [»Text.«]

5. Knapp schlägt erschöpfend.

Angemessenheit: Im Gegensatz zum wissenschaftlichen Schreiben hat das literarische Schreiben den Anspruch, Gefühle zu erzeugen. Doch auch ein extrem aufwühlender Moment verliert seine Kraft, wenn ich mich in Details verliere.

Klarheit: Frage dich bei jeder Szene, die weder die Handlung im Sinne deiner Kernaussage vorantreibt noch die Hauptfiguren lebendiger werden lässt, ob sie deine Geschichte bereichert oder nur von dem ablenkt, was du eigentlich erzählen willst.

Dynamik: Je knapper du erzählst, desto mehr musst du dich auf die Handlung konzentrieren. Zwangsläufig fallen beschreibende Elemente weg, deine Geschichte nimmt an Fahrt auf.

Überprüfe den folgenden Text auf Redundanzen und andere überflüssige Formulierungen und schlage eine überarbeitete, gekürzte Fassung vor, die den Sinn möglichst originalgetreu wiedergibt: [»Text.«]

Gerade im Behördendeutsch finden sich viele Formulierungen, die weder knapp noch einfach sind – allerdings auch nicht die Präzision erhöhen oder interessante Aspekte hinzufügen. Schreibst du einen Krimi oder einen Roman mit Gerichtsszenen und nutzt Formulierungen aus Beispielverfahren, dann reicht statt der umständlichen Formulierung »Aufgrund des bisher beschriebenen Zusammenhangs« auch das Wort »Daher«. Statt »Der Antrag auf die Sichtung des von der Beschuldigten in Auftrag gegebenen Zweitgutachtens wird von der Staatsanwaltschaft abschlägig beschieden« ließe sich sagen: »Die Staatsanwältin übergeht das Zweitgutachten der Beklagten.«

Satzebene:

Angemessenheit lässt sich hier (wie auch auf Textebene) nicht an einzelnen Beispielen festmachen, sondern ist von zwei zentralen Fragen abhängig:

- Für wen schreibe ich?
- Was schreibe ich?

Mein Publikum hat nicht nur eine variable Sprachkompetenz, sondern auch eine Erwartungshaltung, die berücksichtigt werden muss. (Nur, weil die Professorin Schachtelsätze versteht, heißt das nicht, dass sie sie lesen will.) Auf inhaltlicher Ebene muss ich meiner Erzählperspektive gerecht werden,

aber auch dem Geschehen. Romantische Szenen erlauben verschlungenere Sätze als eine Verfolgungsjagd.
Klarheit ergibt sich durch die Verwendung der Struktur Subjekt – Prädikat – Objekt. Bei einem Satzgefüge aus einem Hauptsatz und einem oder mehreren Nebensätzen lautet deine Default-Variante: erst Hauptsatz (HS), dann der vom Hauptsatz abhängige Nebensatz erster Ordnung (NS1), dann der vom Nebensatz erster Ordnung abhängige Nebensatz zweiter Ordnung (NS2). Also HS, dann NS1, dann NS2. »Leandra packt den Speer (HS), in dessen metallener Spitze sich das Feuer spiegelt (NS1), das noch immer hinter ihr brennt (NS2).«
Dynamik ergibt sich daraus, dass du das Gegenteil von dem machst, was ich gerade vorgeschlagen habe. Nicht unentwegt, aber oft genug, dass dein Publikum nicht abschätzen kann, welches Satzgefüge als Nächstes kommt. Einerseits kannst du die Struktur Subjekt – Prädikat – Objekt ändern (indem du deinen Satz beispielsweise mit einem Objekt, einem Adverb, einem Präpositionalausdruck beginnen lässt). Andererseits kannst du das Satzgefüge umgestalten und mit einem Nebensatz beginnen. Einschübe solltest du nur im Einzelfall zulassen (statt »Leandra, nachdem sie ein letztes Mal Luft geholt hat, packt den Speer« lieber »Nachdem Leandra ein letztes Mal Luft geholt hat, packt sie den Speer«).

Um Dynamik zu erzeugen, kannst du außerdem die Satzlänge variieren. Das betrifft nicht nur die Anzahl der Nebensätze, sondern auch die Länge der einzelnen Satzteile.

[»Text.«] **Untersuche den vorigen Text in Bezug auf seine Satzstruktur; schlage eine überarbeitete Version vor, die flüssig zu lesen ist und zugleich eine variantenarme Satzstruktur vermeidet.**

Textebene:

Absätze sind die einfachste Strukturierung, die du auf dieser Ebene vornehmen kannst. Je schneller die Handlung voranschreiten soll, desto kürzere Absätze bieten sich an. Achte darauf, dass jeder vollständige Handlungsschritt einen eigenen Absatz erhält. Mach im Zweifel lieber einen Absatz mehr als einen weniger. Versuche, deine Absätze unterschiedlich lang zu gestalten. Wenn dein Inhalt unterschiedlich lange Absätze nahelegt, hast du ein gutes Indiz dafür, dass deine Erzählung nicht gleichmäßig vor sich hin plätschern, sondern wie ein aufgewühlter Fluss nach deinem Publikum greifen und es mitreißen wird.

[»Text.«] **Lassen sich im vorigen Text die Absätze anders platzieren, um den gedanklichen Schritten der Erzählung besser gerecht zu werden? Vermeide bei deinem Entwurf, dass ähnlich lange Absätze direkt aufeinanderfolgen.**

Während stilistische Konzepte auf Wort- und Satzebene konkrete Formulierungen fokussieren, behandelt die Textebene den größeren Zusammenhang, den Inhalt insgesamt. Auch hier finden sich Konzepte, die sich bewährt haben.

1. Bewegung schlägt Stillstand.

Angemessenheit: Eine Erzählung beschreibt immer ein Geschehen, nie einen Sachverhalt.

Klarheit: Die Klarheit deiner Aussage ist abhängig von der zugrunde liegenden Entwicklung, die aus einer Reihe kausal zusammenhängender Ereignisse bestehen sollte. Keine Kausalkette ohne Bewegung.

Dynamik: Ohne Bewegung keine Veränderung.

[»Text.«] Untersuche den vorigen Text auf Prädikate, die Stillstand vermitteln. Lassen sich diese Prädikate durch Verben der Bewegung ersetzen, um den Text insgesamt dynamischer zu machen?

Um Bewegung zu erzeugen, sind Verben der Bewegung die beste Hilfe. Also »Sie fällt ihm um den Hals« anstatt »Sie begrüßen sich«; »Er schreckt vor dem Angebot zurück« anstatt »Das Angebot missfällt ihm«.

2. Gefühl schlägt Verstand.

Angemessenheit: Literarisches Erzählen ist emotionales Erzählen. Fertig.

Klarheit: Der Verstand ist ein unzuverlässiger Vertrauter, Gefühle jedoch sind immer echt. Wenn Leandra heute denkt, dass auf die Portalgilde Verlass ist, dann kann das morgen schon ganz anders aussehen. Wenn Leandra wütend einen Speer packt, dann existiert diese Wut, heiß und unverhandelbar.

Dynamik: Verstand ist abstrakt, Gefühle sind konkret. Das Konkrete ist veränderlich, das Abstrakte nicht. Eine Idee wird vielleicht verworfen, erweitert oder durch eine neue ersetzt – aber die Entwicklung ist schwer fassbar. Angst hingegen kann mich packen, Scham mich erfüllen, Hass mich verzehren, Zorn mich zum Beben bringen oder erlöschen.

3. Handlung schlägt Gedanken.

Angemessenheit: Das Prinzip entspricht dem zweiten Beispiel auf Wortebene, dass der Indikativ dem Konjunktiv überlegen ist. Wirklichkeit statt Möglichkeit. Deine Hauptfiguren grübeln nicht, sie schaffen Fakten. Jaro träumt nicht von einer Welt, in der alle ein bisschen netter zueinander sind. Er zündet den Palast an.

Klarheit: Ein Gedanke ist flüchtig, eine Handlung fest verankert in der wahrnehmbaren Welt. Ideen von universeller Freiheit und Gerechtigkeit kann Daroban vielleicht wegdiskutieren. Einen Speer in der Brust nicht.

Dynamik: Ich kann so viele Gedanken fassen, wie ich möchte – solange sie sich nicht in Handlungen niederschlagen, bleiben sie bedeutungslos. Sie verändern nichts.

> Ein Monolog ist eine rein gedankliche Übung, ein Dialog eine sprachliche Handlung. Deswegen ist eine Szene gewöhnlich stärker, wenn Gedanken nicht nur gedacht, sondern geäußert werden – und zwar vor einem Gegenüber, das reagiert. Schon ist aus einer abstrakten Position eine weltverändernde Aktion geworden.

10 ENDE

Du hältst dein Manuskript in Händen. Die Arbeit ist noch nicht vorbei, es wartet die Überarbeitung. Doch wenn du es bis hierher geschafft hast, schaffst du auch den Rest.

Mach Pause.

Im ersten Durchgang der Überarbeitung reicht es, wenn du dir folgende Fragen stellst:

Wird meine Kernaussage klar?

Bin ich von meinen Figuren überzeugt?

Bin ich von meiner Welt überzeugt?

Alles, was nicht direkt dazu beiträgt, die Handlung in Richtung deiner Kernaussage zu entwickeln, muss dazu dienen, entweder die Figuren oder die Welt überzeugender wirken zu lassen. Sonst lösch es.

Im zweiten Durchgang kannst du dich den Fragen widmen, die ich bereits in Kapitel 8 näher beschrieben habe. Wenn eine Passage fad wirkt, eskaliere oder lass sie weg.

Im dritten Durchgang kannst du dich auf die stilistischen Konzepte konzentrieren, die ich in Kapitel 9 vorgestellt habe.

Wie viele weitere Durchgänge du brauchst, bleibt deine Sache. Aber bedenke: Wenn du beim Überarbeiten das schlechte Gewissen spürst, ist es an der Zeit, deine Geschichte in die Welt zu entlassen.

Hab keine Angst, denn erinnere dich: Du schreibst, weil es dir Freude bereitet. Was immer danach kommt, darf im Konjunktiv stehen.

EPILOG

Jaro stürmt mit seinen Leuten die Haupthalle, aber Leandra hat ein anderes Ziel. Als sie das Arbeitszimmer Darobans betritt, scheint der Kampfeslärm mit einem Mal verstummt, eine unheimliche Stille erfüllt den Raum.

Hinter seinem Schreibtisch aus schwerem schwarzen Holz hebt ein Mann mit dunklem Haar und weißem Bart den Blick. Enttäuschung liegt darin, auch Müdigkeit, aber keine Spur von Zorn. Das Gildenhaus brennt, doch den Gildenmeister scheint es nicht zu kümmern.

»Was willst du mit dem Speer, Tochter?«

Leandra starrt auf die Waffe in ihrer Hand, lässt sie fallen. Mit Gewalt wird sie ihr Ziel nicht erreichen. Aber wie dann?

»Du warst immer ein so neugieriges Kind.« Daroban wendet sich einer Schreibfeder zu, zupft sie glatt.

Vom Gang poltern Stiefel, Leandra bleibt wenig Zeit.

»Deine Neugier«, fährt Daroban fort, »wird dich umbringen.«

Endlich findet Leandra ihre Stimme wieder. »Du kannst mir keine Angst machen, Vater«, sagt sie. »Nicht mehr.«

»Ich wollte dich beschützen.«

»Die Welt ist gefährlich, ja.« Leandra denkt daran, was Jaro ihr gesagt hat, im Portalturm. Unwillkürlich muss sie lä-

cheln. »Aber wenn man allen Gefahren aus dem Weg geht«, wiederholt sie Jaros Worte, »merkt man nicht, wie schön sie sein kann.«

RAUM FÜR DEINE *Notizen*

WEITERE *tolle Bücher*

JOHANNA KRAMER

MEINE MORGENSEITEN – DAS GESTALTETE TAGEBUCH ZUM EINTRAGEN

Mit großem Sachteil zur Psychologie des intuitiven Schreibens – Morgenroutine für mehr Gelassenheit

ISBN: 978-3-7459-0723-0

NICOLE LOMMEL

BULLET JOURNAL – DER GROSSE WORKSHOP

Mit praktischen Vorlagen und Step-Anleitungen für individuelle Layouts, praktische Übersichten, spannende Tracker und vieles mehr

ISBN: 978-3-7459-0493-2